高职高专"十三五"规划教材　国际贸易专业

U0653318

国际商务礼仪

（第 2 版）

倪　军　主　编
乔平平　副主编

微信扫描　获取课件等资源

南京大学出版社

内 容 简 介

　　国际商务礼仪是职业院校国际贸易、国际商务、商务外语、旅游、空乘、酒店管理、报关报检、现代物流、国际货代等涉外专业的特色课程，为了配合职业院校课程改革，精心组织院校教师、企业行业专业人士与企业培训师撰写本书。

　　本书在编写过程中注重教学与实际业务操作的无缝接轨，注重教学的真实性，全部案例直接来自企业出口实际，具有典型性、实战性、时效性与实用性。本书以外销业务人员接待来访客人为出发点，按照业务接待流程，编制相应学习模块。主要内容包括：形象礼仪操作、宗教礼仪操作、迎接礼仪操作、餐饮礼仪操作、洽谈礼仪操作、商务礼品选赠礼仪操作、观光购物礼仪操作、休闲娱乐礼仪操作、欢送礼仪操作。

　　本书既可以作为职业院校国际贸易、国际商务、商务外语、旅游、空乘、酒店管理、现代物流、报关报检等专业的教材，又可以作为外向型企业各岗位的培训教材。

图书在版编目（CIP）数据

国际商务礼仪 / 倪军主编. -- 2 版. -- 南京 ：南京大学出版社, 2019.1
ISBN 978-7-305-21487-5

Ⅰ. ①国… Ⅱ. ①倪… Ⅲ. ①国际商务—礼仪 Ⅳ. ①F718

中国版本图书馆 CIP 数据核字(2019)第 012359 号

出版发行　南京大学出版社
社　　　址　南京市汉口路 22 号　　　　　　邮　　编　210093
出版人　金鑫荣

书　　　名　国际商务礼仪（第 2 版）
主　　编　倪　军
策划编辑　胡伟卷
责任编辑　胡伟卷　蔡文彬　　　　　编辑热线　010-88252319

印　　刷　盐城市华光印刷厂
开　　本　787×1092　1/16　　印张 12.5　　　字数 296 千
版　　次　2019 年 1 月第 2 版　　2019 年 1 月第 1 次印刷
ISBN 978-7-305-21487-5
定　　价　36.00 元

网　　址　http://www.njupco.com
官方微博　http://weibo.com/njupco
微信服务号　njuyuexue
销售咨询热线：（025）83594756

代 序

　　今闻倪军老师新著《国际商务礼仪》行将毕功，邀我为之作序，殊感荣幸！"不学礼，无以立"，礼教于人，殊为可贵！《礼记》论礼于忠、孝、义、政、教，倪军老师则论礼于商。所谓彬彬有礼，使人如沐春风。礼仪得体，可谓是成功之一半。但我闻学者有四失，或失之多，或失之寡，或失之易，或失之止。故学礼者，当格物、致知、诚意、正心，然后慎思、明辨、笃行。倪军老师对于礼仪的诠释，源于近 20 载的从业真知灼见，非同等闲，可通读、精研，必多有裨益。

　　作为朋友和同事，我谨代表广州培训师联合会诚祝倪军老师能再有佳作问世，并在外贸培训领域再创辉煌，坚定而自信地引领我国外向型企业走向世界！

广州培训师联合会

蒋健才　常务副会长

2014 年 9 月 24 日

前　言

　　随着我国改革开放的不断深入,自2001年12月11日正式加入WTO,外贸进出口规模迅速扩大,2009年外贸出口总额达到12 016亿美元(中华人民共和国海关统计),首次超过德国出口总额11 213亿美元(德国联邦统计局2010年2月9日数据),位居世界第一。2013年我国进出口贸易总额首次突破4万亿美元,达到4.16万亿美元,取代美国成为全球最大贸易国,其中出口总额为2.21万亿美元。2017年,我国货物贸易进出口总值27.79万亿元人民币,比2016年增长14.2%,扭转了此前连续两年下降的局面。我国对外贸易的格局发生巨大变化,民营制造型企业逐渐成为对外贸易的生力军,同时受美债、欧债危机、人民币升值、中美贸易战等因素的影响,我国对外贸易呈现出众多新的特点和做法。在"一带一路"国家级顶层战略指引下,在我国由外贸大国向外贸强国转变的过程中,广大外向型制造、服务企业在实施"走出去"战略过程中,对国际贸易相关岗位员工提出更高的职业行动能力要求。为了适应我国对外贸易发展的形势,吸收新的成果以满足教学需要,特组织编写了本教材。

　　本书在编写过程中运用了以下理论:

　　第一,以基于工作过程课程开发理论为指导,以外销业务人员接待各国来华业务洽谈访问客户的工作情境为出发点,根据接待访问中的各典型工作任务,编写各模块国际商务礼仪,培养学生国际贸易职业行动能力。

　　第二,有关人际交往黄金法则和白金法则的运用。根据《圣经.新约·马太福音》第7章第12节,"无论何事,你们愿意人怎样待你们,你们也要怎样待人,因为这就是律法和先知的道理。"这是一条做人的法则,又称为"为人法则",它几乎成了人类普遍遵循的处世原则。人们往往将之称为黄金法则——"你想人家怎样待你,你也要怎样待人。"白金法则是美国最有影响的演说人之一和最受欢迎的商业广播讲座撰稿人托尼·亚历山德拉博士与人力资源顾问、训导专家迈克尔·奥康纳博士研究的成果。白金法则的精髓就在于"别人希望你怎样对待他们,你就怎样对待他们",从研究别人的需要出发,然后调整自己行为,运用我们的智能和才能使别人过得轻松、舒畅。

　　在本书的编写过程中体现了以下特点。

　　(1)**实战性**。本书案例均取自实际真实业务。

　　(2)**独特性**。本书内容展示了众多国际商务礼仪隐形知识。

　　(3)**新颖性**。本书编写风格简约、清新。

　　(4)**时效性**。本书能够与时俱进,体现并落实国家"一带一路"顶层战略。

　　本书既可以是高中职国际贸易、国际商务、旅游、空乘、酒店管理、报关、商务英语等专业学生的用书,也是企业外销、报关、货代、国际结算、涉外酒店、涉外旅游等岗位员工培训教材。本书由倪军担任主编,乔平平担任副主编。全书共分为九个模块。其中模块二、五、六、七由倪军负责编写,模块一、三、八、九由乔平平负责编写,模块四由廖凤玲负责编写,全书由倪军负责统编总撰。

在本教材编写过程中,编者们积极参加企业出口实践,获得宝贵的第一手业务素材。在此特向广州交易会进出口有限公司、广州培训师联合会、广州市外经贸职工培训中心、广州港集装箱码头有限公司、广州市中小企业服务中心、佛山市信铝建材有限公司、广州市新中艺装饰材料商行、广东南海正申金属制品厂出口部黄志伟经理、广州晨海国际货运有限公司卢国添先生、广东省对外经济贸易企业协会前副会长胡彰福先生、广东省畜产进出口公司前总经理董士森先生、柏明顿管理咨询集团梁清怀顾问师、广州市经济贸易信息中心邢诒海副主任等单位与业内专业人士表示感谢。在本教材编写过程中,还参考了许多文献和资料,特向这些作者一并表示由衷的感谢。

由于编写时间仓促以及编者能力有限,书中不足之处在所难免,恳请广大读者批评指正。

编 者

2018 年 12 月

目　录

形象礼仪操作

典型工作任务	1. 仪容修饰 2. 仪表规范 3. 服饰搭配 4. 仪态培训
主要学习目标	1. 掌握头发修饰、皮肤护理、女士化妆、男士洁妆,以及香水使用 2. 掌握正确观看客人和微笑的方法与禁忌 3. 掌握着装原则、男女着装注意事项 4. 掌握站姿、行姿、坐姿和手势的注意事项与禁忌
基础理论知识	1. 白金法则 2. 黄金法则
工作操作技能	能够正确地完成形象礼仪操作,从容得体应对客户

典型工作任务一 仪容修饰

工作困惑

作为一名外销业务员,需要经常与客户打交道,如何注意自己的仪容?仪容包括哪些方面?有哪些禁忌?

工作认知

《礼记·冠义》上说:"礼仪之始,在于正容体,齐颜色,顺辞令。"就是说礼是从端正容貌和服饰开始的。一个文明、有修养的人,一定是容貌端正、服饰整洁、体态表情庄敬、言辞得体的人。仪容,通常是指人的外貌,是一个人的精神面貌和内在气质的外在表现。具体而言,仪容由一个人的面容、发式,以及身体所有未被服饰遮掩的肌肤所构成。在人际交往中,每个人的仪容都会引起交往对象的特别关注,而且会影响到对方对自己的整体评价。它不仅反映一个人的精神面貌、朝气和活力,还会给交往对象以最直接、最生动的感官第一信息。

一、头发的修饰

常言道:"远看头,近看脚。"头发位于人体的"制高点",往往最先吸引别人的注意力,在人的仪容中占有举足轻重的地位。因此,修饰仪容,头发不可忽略。

1. 头发的清洁

从医学和美学角度讲,健康毛发的前提就是清洁,就如同保养脸部皮肤的基础在于洗脸一样,每个人应根据个人发质的不同,养成每周洗头 4~7 次的卫生习惯。大量的科学研究表明,常洗发不仅不会使头屑增多、头发干燥、枯黄、脱落,反而能促进头皮部分的血液循环,令头发更富有光泽和弹性,更有利于头发的生长并延长其寿命。

再者,干净的头发对塑造发型有非常重要的作用。美发界的行话"发根不直立,发尾不飘逸",充分说明了干净的头发对塑造发型的重要性。清洁的发根有助于自然地支撑起发型,让头发看上去蓬松而富有动感;如果不及时清洗,头发会显得油腻厚重,黯淡而缺乏生气。

学习案例 1-1

广州某出口企业外销业务员小 A 与阿联酋客户 Mohammad 先生在业务洽谈时,小 A 的头发 2 天没有清洗,可以明显看到有一些头皮屑,请问小 A 的行为是否恰当?为什么?

👀 礼仪常识

根据皮脂膜的分泌量,头发可分为油性、中性和干性 3 类。一般而言,洗发间隔的时间因发质而定,只要感觉不洁便要清洗。此外,选用的洗发水性质也要得当。

2. 发型的选择

发型可以快速改变个人形象,应根据脸型和体型来选择发型。

(1) 与脸型协调

发型对人的容貌有极强的修饰作用,甚至可以"改变"人的容貌。任何一种脸型都有其特殊的发型要求,根据脸型选择发型,是发型修饰的关键。例如,圆脸型适合将头顶部分头发梳高,两侧头发适当遮住两颊,要避免遮挡额头,使视觉拉长;长脸型适宜选择用"刘海"遮住额头,加大两侧头发的厚度,以使脸部丰富。

(2) 与发质协调

不同的发质适合的发型也不同。例如,柔软的头发容易整理,适合做任何一种发型,但俏丽的短发更能体现柔软发质的个性美;自然的卷发适合留长发,更能展现其自然的卷曲美;伏贴的头发最好将头发剪短,如在修剪时将发根稍微打薄一点,使颈部若隐若现,能给人以清新明媚之感;细少的头发适合长发,将其梳成发髻比较理想;直硬的头发很容易修剪整齐,设计发型时最好以修剪技巧为主,同时尽量避免复杂的花样,做出比较简单且高雅大方的发型即可。

（3）与体型协调

发型的选择得当与否，会对体型的整体美产生极大的影响。例如，脖颈粗短的人，适宜选择高而短的发型；脖颈细长者，宜选择齐颈搭肩、舒展或外翘的发型；体型瘦高的人，适宜留长发；体型矮胖者，适宜选择有层次的短发。

（4）与年龄、职业协调

发型是一个人文化修养、社会地位、精神状态的集中反映。通常，女性年长者最适宜的发型是大花型短发或盘发，以给人精神、温婉可亲的印象；而年轻人适合活泼、简单、富有青春活力的发型。一般来讲，从事外销的专业人士的发型要简洁，最好不要留长发。

学习案例 1-2

广东佛山某家具出口企业外销经理 B 留着长发与胡子。请问外销经理 B 的发型是否符合他的身份？为什么？

（5）与服饰协调

头发为人体之冠，为体现服饰的整体美，发型必须根据服饰的变化而改变。例如，穿着礼服或制服时，女性可以选择盘发或短发，以显得端庄、秀丽、文雅；穿着轻装便服时，可选择各式适合自己脸型的轻盈发式。

二、皮肤的护理

保持皮肤清洁，进行皮肤护理，不仅是日常需要，更是一种礼仪的需要。皮肤的日常基础护理包括洁肤、爽肤、润肤，具体内容如下。

1. 洁肤

卸妆后，取洁面用品，用无名指以向上向外打圈的手法揉洗面部及颈部，清除尘垢、过剩油脂及化妆物，去除表面老化细胞，促进新陈代谢，让肌肤清新、爽洁。洁肤是护理肌肤的第一步。

2. 爽肤

用棉球蘸取爽肤水轻轻擦拭脸部及颈部，注意避开眼部。擦爽肤水可起到进一步清洁皮肤、补充水分、平衡皮肤的 pH 值、收缩毛孔的作用。

3. 润肤

将润肤品抹于脸部及颈部，以向上向外打圈的方法轻轻抹匀，为肌肤补充必要的水分与养分，令肌肤柔润而富有弹性。

三、女士的化妆

"要不要化妆？"这个问题如今已无须再问。化妆可以使人增添信心，也是人际交往中相互尊重的一种表现。美丽的容貌令人赏心悦目，但是天生丽质的人毕竟是少数，恰到好处的化妆可以使人光彩照人，更加美丽。

1. 化妆的原则

脸部化妆的内容包括眉、眼、鼻、颊、唇等部位的化妆。要想化好脸部的妆，首先必须掌握脸部化妆的基本原则。

（1）扬长避短

化妆一方面要突出脸部最美的部分，使其显得更加美丽动人；另一方面要掩盖或矫正缺陷或不足的部分。

（2）协调统一

脸部化妆应注意色彩的搭配、浓淡程度，还要与发型、服饰相协调。当然，脸部化妆还应该与身份、场合相宜，力求取得完美的整体效果。

（3）自然真实

化妆要自然协调，无论淡妆、浓妆，切忌厚厚地抹上一层。所谓"浓妆淡抹总相宜""妆成有却无"等皆指化妆要自然真实。

2. 化妆的禁规

（1）勿当众化妆

化妆属于个人的私事，只能在无人的情况下悄然进行，维护仪容仪表的全部工作应在"幕后"完成。

学习案例 1－3

广州某出口企业外销女业务员小C参加广交会接待客户，由于上班时间匆忙，只能在展厅化妆。请问小C的行为是否恰当？为什么？

（2）勿残妆示人

化妆要有始有终，维护妆面的完整性。化妆后要常做检查，特别是休息、用餐、饮水、出汗、更衣之后，更要经常关注自己的妆容，发现妆面残缺，要及时补妆。

（3）勿非议他人妆容

每个人都有自己的审美观和化妆风格，切勿对别人的妆容当面品头论足，这不仅会让对方难堪、反感，而且也会让自己显得失礼。

（4）勿借用他人的化妆品

不论是对谁，不论是否需要，都不要去借用他人的化妆品，这不仅不卫生，也不礼貌。

3. 化妆的常见类型

（1）工作妆

工作中宜化淡妆，妆色健康、明朗、端庄，追求自然清雅的效果，力求做到"妆成有却无"。

（2）晚宴妆

晚宴妆要追求细致亮丽的效果，妆容宜化得浓艳一些。

（3）舞会妆

舞会妆要突出个性,追求妩媚动人的效果。舞会灯光幽暗,故妆容宜化得稍微浓艳一些。

（4）休闲妆

休闲妆不需要太多的化妆痕迹,用色应清新淡雅,整体妆面特征自然简洁,应体现出轻松愉快、健康舒适的效果,另外也可以根据场合做相应的调整。

学习案例1-4

广州某出口企业外销女业务员小C将与外销经理一起去某酒店拜会客户,小C为自己准备了晚宴妆。请问小C的行为是否恰当?为什么?

4. 化妆步骤

（1）基本妆面

基本妆面又叫打粉底,目的是调整皮肤颜色,使皮肤平滑。粉底有脂状粉底、粉状粉底、乳液状粉底和饼状粉底,化妆者可以根据自己的皮肤选择合适的粉底。

打粉底要顺着脸颊纹路由内往外、由上往下推开。先从较干燥的两颊开始,然后是嘴、鼻、额、眼睛周围。注意发际、脖子连接处不要留下清楚痕迹,而嘴、眼周等活动较多的部位,要小心涂均匀,使粉底与肤色自然融合。

（2）修饰眉毛

从鼻翼朝外眼角画一条无形的对角线,最适当的眉尾位置就在这条无形的对角线上,而眉峰的位置在靠近眉尾端眉长的2/3处,这两点确定后,画眉就很容易了。利用眉笔或眉粉将眉毛较稀疏处补上色彩,然后利用眉刷将眉毛刷整齐,即可呈现出美丽的眉形。要注意定期修剪眉毛,保持一定的眉型。

（3）眼部修饰

① 眼影:用深色的眼影,从外眼角开始上色,再往内眼角方向匀开,内眼角处眼影的颜色浅一些,可以呈现眼部的立体感。越靠近睫毛处颜色越深,渐渐往上淡开,体现一定的层次,可以给人干净自然的感觉。

② 眼线:从内眼角向外眼角,沿着睫毛生长处描画,在外眼角处稍上扬即可。画眼线时,镜子的位置要低于眼睛。画上眼线时,抬高下颌,并将眼睛向下看;画下眼线时,拉低下颌,眼睛往上看,比较容易描画。

③ 睫毛:上睫毛膏时,眼睛稍微往下看,横拿睫毛刷;刷下睫毛时,则将睫毛刷直拿,利用前端刷上睫毛膏。

（4）唇部修饰

修整唇形前,可以选用比肤色暗一点的粉底,打底遮盖原有的唇线后再描绘唇形。口红色彩的选择要与嘴唇色彩相适合,与脸部其他部位的妆容相比,不可太突出。

四、其他部位的修饰及男士的"洁妆"

1. 其他部位的修饰

(1) 口部

口部的修饰,是自尊及尊重他人的体现。其中,口部修饰最主要的是注意口腔卫生。牙齿是口腔的门面,应该坚持刷牙,防止产生异味。从卫生保健角度讲,刷牙最好做到"3个三",即每天刷牙3次,每次刷牙宜在进餐后3分钟内进行,每次刷牙用时3分钟。

与人会面前应禁食容易产生异味的食物,如葱、蒜、韭菜、酒等,也不要吸烟。如果口腔有异味,可含茶叶、嚼口香糖等以去除异味。但需注意,在他人面前嚼口香糖是不礼貌的,特别是与人交谈时,更不应该嚼口香糖。

学习案例 1-5

广州某出口企业外销业务员小A要去酒店拜会海外来访客户,小A有抽烟的习惯。请问小A在拜访客户前应该注意哪些方面?为什么?

(2) 四肢

① 上肢

手部常常露在服饰之外,被称为人的第二张脸。在待人接物中,与人打招呼、跟别人握手,给对方递名片……手作为仪容的一部分,时刻充当着友谊的使者。因此,在人际交往中有一双清洁、友善的手,能增添他人对自己的好感。

1〉清洁手部。养成勤洗手的良好习惯。做好手部保洁,要自觉坚持"五必洗",即吃东西之前必洗手,上过卫生间后必洗手,外出归来必洗手,上班前后必洗手,手脏以后必洗手等。

2〉指甲的修饰。指甲的修饰包括指甲的清洁及美化。要经常修剪指甲,指甲长度不应超过手指指尖,养成"三日一修剪,一日一检查"的良好习惯。同时,指甲上的彩妆要与环境场合相适宜。特别要注意,在任何公共场合修剪指甲都是不文明、不雅观的举止。

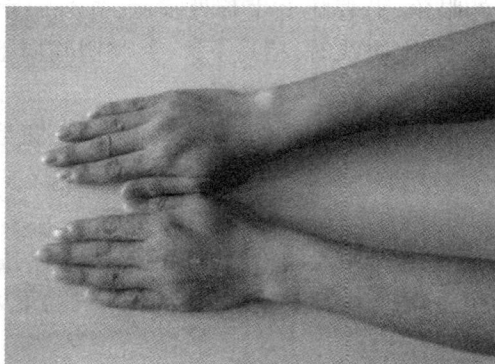

3〉不外露腋毛。腋毛在视觉中不美观也不雅观。在正式场合,男士和女士应有意识地

不穿暴露腋毛的服饰。如果女士穿着使腋窝外现的服装,必须先剃除腋毛,以免有损整体形象。

②下肢

在正式场合,男士不穿短裤,不挽起长裤的裤管,以免体毛显露。女士在穿裙装和薄型丝袜时,如果腿毛显现,应该先将其剃除。

2. 男士的"洁妆"

所谓"洁妆",是指男士在妆容上的干净整洁,即尽可能地使自己看起来整整齐齐、清爽干净,决不允许杂乱无章、邋邋遢遢,这是男士仪容中最基本的要求,也是自己给别人的第一张名片。具体而言,体现在以下几个方面。

（1）定期理发

不管自己做的是何种发型,都要尽量做到定期修剪头发,以保证发型的清爽。不要忘了,"蓬头"与"垢面"从来都是被相提并论的不整洁的仪容。

（2）经常剃须

男士通常不宜蓄留胡须,这既是为了清洁,也是对交往对象的一种尊重。

（3）保持鼻和耳的清洁

耳鼻的污垢、鼻毛的外伸不仅会破坏他人对自己的印象,也是一种不尊重他人的表现。因此,在人际交往中,时常检查鼻毛是否外现,及时对耳鼻进行除垢是男士重要的日常清洁工作。

（4）遮掩腋毛及体毛

在正式场合,过于浓密的腋毛及体毛,不仅不会展现男士的"性感",反而会让他人"退避三舍"。男士在正式场合应以适当的服饰遮掩自己的腋毛及体毛。

五、香水的使用

1. 香水的选用

办公室香水的选择标准是"清新淡雅"。在办公室中,最受欢迎的男香香调是木质辛香调,最受欢迎的女香香调是清新的花香、果香调。在与客户见面时,建议不使用气味过重的香水。

2. 香水的使用方法

将香水涂抹于手腕、颈部、耳后、臂弯等有脉搏跳动的部位,这样香味随着脉搏跳动、肢体转动而飘溢散发;可将香水喷洒于腰部、髋关节,这样余香更持久;还可将香水喷洒于脚踝处,这样可使香味飘散更自然。

此外,可以把香水喷在衣服上,一般多喷于内衣、外衣内侧,裙下摆,以及衣领后面;还可以把香水向空中轻轻喷几下,在头顶形成一片香雾,让香雾轻轻洒落在身上,散发出怡人的气息。

学习案例1—6

广州某出口企业外销女业务员小C与外销经理一起去某酒店拜会客户,小C全身大量使用了气味浓郁的香水。请问小C的做法是否恰当?为什么?

知识广角

名贵的香水有"液体钻石"之称。虽价比钻石,但仍然吸引着那些爱美之"心"。当今世界上最昂贵的香水是哪些品牌呢?排列前10位的是:毕扬(Bijan),由名牌服装设计师毕扬调制,是最昂贵的香水,有浓郁而神秘的东方香味;欢乐(Joy),由巴黎服装设计师尚巴度推出,其茉莉香味,名副其实能带给女性欢乐;第凡内(Tiffany),优雅的欧洲风格,以茉莉与玫瑰香味为主,混合森林基调;狄娃(Diva),繁复的香味,适合最时髦和最浪漫的女人,由恩加罗公司出品;鸦片(Opium),浓郁的东方香味,神秘而具诱惑力,由圣洛朗公司出品;小马车(Caleche),艾尔媚的招牌香水;艾佩芝(Arpege),雅致的花香味,同时散发纯朴的气息,由浪漫公司推出;香奈尔5号香水(Chane1 No.5),1921年上市,"5"是香奈尔女士的幸运数字,在其精品系列中,不论珍珠表链、首饰,均以5为单位,其开瓶香味为花香乙醛调,持续香味为木香调,No.5的花香精致地注释了女性独特的妩媚与婉约;夏尔美(Shalimar),娇美的香水,有东方松脂味道;象牙(I'voire),专门推出的女性香水,清新风格。

六、仪容修饰常用英文

仪容	looks/appearance
头发	hair
发型	hair style
皮肤	skin
护理	nursing
化妆	makeup
指甲	nail
香水	perfume
修饰	decorate

学习案例1—7

1. 你应该随时注意个人仪容。

You should always pay attention to personal appearance.

2. 应根据脸型和体型来选择发型。

According to the face and body,we choose the hairstyle.

3. 化妆可以使自己增添信心。

Makeup can make self-confidence more.

4. 我们必须注意口腔卫生。

We must pay attention to oral hygiene.

5. 指甲的修饰包括指甲的清洁及美化。

Nails decoration includes nails clean and beautify.

6. 香水可以使人愉悦。

Perfume can make people happy.

典型工作任务二　仪表规范

工作困惑

作为一名外销业务人员,经常要与客户打交道,如何注意自己的仪表? 仪表规范包括哪些方面? 有哪些禁忌?

工作认知

广义的仪表,是指人的外表;狭义的仪表仅指人的表情神态,即通过面部眉、眼、嘴、鼻的动作和脸色的变化表达出来的内心思想感情。仪表在人际交往中起着十分重要的信息传递作用。美国心理学家艾伯特·梅拉比安在一系列试验的基础上总结出了人的感情表达效果公式:

信息的全部表达(100%)=语调(7%)+声音(38%)+表情(55%)

由此可见,表情,即仪表在人际交往中占有何等重要的地位,而人的仪表主要是通过眼神表现出来的。

一、眼神

眼神是人深层心理情感的一种自然表现。它作为一种无声语言能传递出丰富的信息。

通常,人们面对面交往是以眼神的交流为起点的,而眼神运用得当与否,直接影响到信息传递和交流的效果。不同的眼神可以传递不同的含义和信息,而接受信息的一方也可通过观察,了解眼神所发出的信息。在运用眼神时要注意以下几个方面。

1. 观看的时间

心理学实验表明,人们目光相互接触的时间,通常占交谈时间的 30%~60%。如果超过60%,则表示对对方本身的兴趣可能大于对谈话的兴趣;若低于30%,则表示对对方或对谈论的话题不感兴趣;如果完全不看对方,只是倾听,则表示听者或是自卑、紧张,或是心中有事,不愿让对方看到自己的心理活动,或是漠视谈话者。

2. 观看的角度

俯视:即目光向下注视对方,一般表示爱护、宽容之意。

平视:即目光与对方的目光约在同一高度平等接触,一般体现平等、公正、自信、坦率等语义。在与客户洽谈时,尽量使用平视。

仰视:即目光向上注视对方,一般体现为尊敬、崇拜、期待的语义。

斜视:即视线斜行,一般表示怀疑、疑问之意。

侧扫视:即目光向一侧扫视,一般表示兴趣、喜欢或轻视、敌意的语义。表示兴趣、喜欢时,伴有微笑和眉毛上扬;表示轻视、敌意时,伴有皱眉、嘴角下撇。

礼仪常识

意大利文艺复兴时期著名画家达·芬奇提出"眼睛是心灵的窗户";我国伟大的思想家孟子曾云:"存乎人者,莫良于眸子。眸子不能掩其恶。胸中正,则眸子瞭焉;胸中不正,则眸子眊焉。听其言也,观其眸子,人焉廋哉?"(《孟子·离娄章句上》)孟子的意思是:"观察一个人,再没有比观察他的眼睛更好的了。眼睛不能掩盖一个人的丑恶。心中光明正大,眼睛就明亮;心中不光明正大,眼睛就昏暗不明,躲躲闪闪。因此,听一个人说话时,注意观察他的眼睛,他的善恶真伪能往哪里隐藏呢?"

学习案例 1-8

广州某出口企业外销业务员小A要与海外来访客户见面洽谈,请问小A应该使用何种观看角度?为什么?

3. 观看的位置

目光凝视区域是指人的目光所落的位置。根据人们交往中活动内容的不同,人的目光凝视区域也不同。一般可分为以下几种凝视区域。

(1) 商务凝视区域

这是人们在洽谈业务、磋商问题和贸易谈判时所使用的一种凝视,以两眼为底线、额中为顶角所形成的三角区间。这种凝视可在交谈中把握主动权和控制权。

(2) 社交凝视区域

这是人们在社交场所所使用的一种凝视,以两眼为主线,以唇心为下顶角所形成的倒三角区间。这种凝视可在交谈中营造出平等、轻松的良好社交气氛。

(3) 亲密凝视区域

这是亲人之间、爱人之间、家庭成员之间使用的一种凝视,范围是从双眼到胸部。这种凝视往往带着亲昵爱恋的感情色彩。

学习案例 1-9

广州某出口企业外销业务员小A要与海外来访客户见面洽谈,请问小A的目光凝视区域应该是哪儿？为什么？

二、笑容

笑容是一种没有国界的语言,具有丰富的内涵和巨大的作用。

在人际交往中,得体的笑容作为"通行证""润滑剂",可以缩短人与人之间的心理距离。

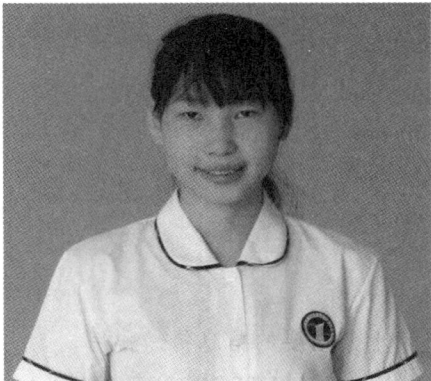

👀 礼仪常识

微笑一般需要露出 6～8 颗牙齿,嘴角微笑的角度呈15°。在实际操作中,微笑一定要发自内心,因为这样的微笑才是一种亲切的微笑。

1. 正确微笑的方法

微笑的共性是面露喜悦之色,表情轻松愉快。但是,如果笑的方法不对,那真的是"笑比哭还难看"。

正确的笑容应真诚、适度、合时宜,具体如下。

（1）真诚

笑容应发自内心,做到表里如一,显示出亲切感。同时,让笑容与自己的举止、谈吐有很好的呼应。

（2）适度

虽然笑容是人们交往中最有吸引力、最有价值的面部表情,但也不能随心所欲,想怎么笑就怎么笑,不加节制。

（3）合时宜

笑容应注意区别场合与对象,并不是走到哪儿笑到哪儿,见谁对谁笑。例如,在别人遭受重大打击时不宜笑,在特别严肃的场合不宜笑等。

2. 微笑的"四不要"

不要缺乏诚意,强装笑脸;不要露出笑容随即收起;不要仅为情绪左右而笑;不要把微笑只留给上级、朋友等少数人。

三、仪表规范常用英文

仪表	expression
眼神	expression in one's eyes
微笑	smile
感情	feelings
额头	forehead
真诚	sincere
适度	moderate
商务	business

学习案例 1-10

1. 仪表在人际交往中起着十分重要的信息传递作用。

The expression plays a very important role in information transfer in interpersonal communication.

2. 在与客人交往中,我们要多点微笑。

We should smile more with our guest.

3. 你的微笑很迷人。

Your smile is quite charming.

4. 我们不应该长时间盯着客人看。

We should not look at the guests for a long time.

5. 微笑时,最好露出牙齿。

It is best to show your teeth while you are smiling.

6. 微笑可以让我们更加容易解决洽谈分歧。

Smile can make us more easily to resolve differences over the business negotiation.

典型工作任务三　服饰搭配

工作困惑

作为一名外销业务人员,经常要与客户打交道,如何注意自己的服饰搭配？服饰搭配有哪些原则？男士和女士着装分别有哪些注意事项？

工作认知

得体的服饰本身就是很好的礼仪,不仅能给他人留下良好的印象,而且在一定程度上体现了一个人的内在修养和待人接物的态度。要做到服饰得体,就应该讲究协调、色彩,也要注意场合、身份,以及个人自身的条件。

常言道:"佛要金装,人要衣装。"从古至今,服饰除具有御寒防暑、遮羞护肤等实用功能外,还具有一定的修饰性。随着人们审美水平的提高,服饰也成了人们仪表美的一部分。选择服饰必须拥有正确的审美观,这是服饰美的基本前提。

一、着装的基本原则

着装可以显示一个人的个性、身份、角色、涵养、阅历及其心理状态等多种信息。为了着装得体,达到一种和谐统一的整体视觉效果,就必须掌握 4 个原则。

1. TPOR 原则

目前,国际上通行的着装原则是 TPOR 原则。TPOR 原则是指在着装时要兼顾时间、地点、场合、角色 4 个因素,并与它们相适应。

礼仪常识

TPO 即英文 Time(时间)、Place(地点)、Occasion(场合)3 个英文单词的缩写,该原则产生于 1963 年,之后便迅速传播,经过进一步的延伸与拓展,增加了 Role(角色),形成了着装的 TPOR 原则,现已成为服装界公认的着装审美原则之一。

（1）Time

即穿着要应时。一般包含 3 个含义:第一个含义是指每天的日间和晚上的变化;第二个含义是指每年的春、夏、秋、冬四季的不同;第三个含义是指时代的差异。在不同的时间里,着装的类别、式样、造型应有所变化。例如,白天工作时着装应合身、严谨;晚上出席社会活动时,着装应以晚礼服为宜。

（2）Place

即穿着要因地制宜。在不同的地点,着装的款式理当有所不同,切不能以不变应万变。特定的环境应配以与之相适应、相协调的服装,才能获得视觉和心理上的和谐美感。例如,穿着职业装去娱乐、购物、休闲、观光,或者穿着牛仔服、运动衣、休闲服进入办公场所和社交场所,都是与环境不和谐的表现。

（3）Occasion

即穿着要与场合气氛相和谐。工作场合的着装,要与职业相协调;社交场合的着装,应该根据所处场合气氛的变化来选择。例如,在宴会等喜庆的场合,服装颜色可相对鲜亮,款式可相对新颖;在重要仪式、接见外宾等庄重的场合,穿着就要规范、得体。

（4）Role

人们的社会生活是多方面的、多层次的,人们经常在不同的社会场合扮演不同的社会角色。在社会活动中,人们的仪表、言行必须符合其身份、地位、社会角色,才能被人理解,被人接受。一位成功人士如果以蓬头垢面、衣衫褴褛的形象出现在众人面前,就很难让人相信他的经济实力。因此,得体的着装,可以满足他人对自己社会角色的期待,可以促成社交的成功。

学习案例 1-11

广州某出口企业外销女业务员小C与外销经理一起去某酒店拜会客户,小C身穿紧身牛仔裤。请问小C的着装是否恰当? 为什么?

2. 整洁原则

无论是商务场合的正装,还是休闲场合的便服,均应以整齐、洁净为原则。例如,衣服不能沾有污渍,尤其要注意衣领和袖口处;衣服不能有脱线的地方,更不能有破洞;衣服的扣子等配件应齐全。等等。再新款的时装如果不整洁,也将大大影响穿着者的仪表。

3. 整体性原则

培根说:"美不在部分而在整体。"孤立地看一个事物的各个部分可能不美,但就整体来看却可能显得很美。着装同样如此。只有服装颜色、质地、款式、配件和谐搭配,才能起到修饰形体、容貌的作用,与穿着者浑然一体,真正达到整体美。

4. 个性化原则

着装的个性化原则,主要是指依个人的性格、年龄、身材、爱好、职业等要素着装,力求反映一个人的个性特征。选择服装因人而异,其重点在于扬长避短,体现独特的个性魅力和最佳精神风貌。现代人的服饰也呈现出越来越强的表现个性的趋势。

二、男士着装

男士服饰分两类:一类是礼服,是指庄重场合或举行仪式时所穿的服装;一类是便服,是指在一般场合所穿的服装。

1. 男士正式礼服

（1）中式男礼服

中式男礼服,即中山装。穿着时,应将前门襟、风纪扣、袋盖扣全部扣好;口袋内不宜放置杂物,以保持平整挺括;配适宜的黑色皮鞋。成年男子穿上一套合身的中山装,会显得庄重、神气、稳健、大方,富有中国男子气派,可以出席各种外交、社交场合。

（2）西式男礼服

西式男礼服,一般指的是午前礼服,即通常所说的晨礼服,晚间所穿的礼服一般是无尾礼服及正式燕尾服(又名火礼服)。

① 男士晨礼服。通常上装为灰色或黑色,剑领,后摆呈圆弧形,衣长与膝盖齐,胸前仅有一粒扣,配白色衬衫,系灰色、驼色领带;下装为深灰色黑条裤,一般用背带,穿黑袜子、黑皮鞋;可戴黑礼帽。晨礼服是白天穿的正式礼服,适合参加各种庆典、星期日上教堂做礼拜及婚礼时穿用。

② 小礼服,又称无尾礼服,也称便礼服,这是晚间集会最常用的礼服。其上衣与普通西服相同,通常为黑色或深蓝色的短上衣,衣领为圆领或剑领,并镶缎面,与白衬衫、黑领结、黑皮鞋、黑袜子搭配,一般不戴帽子和手套。裤子颜色与上装相同,多为黑色,并饰有缎带,裤脚不卷起,使用背带。小礼服是晚上6点钟以后穿用的服装,适合较正式的晚宴、晚会、音乐会等场合。

③ 大礼服,也称燕尾服,是西式晚礼服的一种。由深色高级衣料制成,前身较短、后身较长而下端张开像燕子的尾巴,翻领上镶缎面,裤腿外侧有丝带,通常系白色领结,配黑色皮鞋、黑袜子、戴白手套。燕尾服是晚间最正式的礼服,用于隆重庄严的场合,适用于参加授奖仪式、招待会、递交国书等活动。

2. 西装的穿着礼仪

西装自清朝末年传入中国已有100多年的历史了。西装造型优美、做工讲究,合体的西装能体现男士的风度。而且,西装实用性强,四季皆宜,已被绝大多数人接受。

(1) 西装的种类

男士西装从款式上一般分为欧版西装、英版西装、美版西装和日版西装。

① 欧版西装。欧版西装的基本轮廓是倒梯形,实际上就是肩宽收腰,这和欧洲男人比较高大魁梧的身材相吻合。双排扣、收腰、肩宽,是欧版西装的基本特点。

② 英版西装。它是欧版西装的一个变种,单排扣,但是领子比较狭长,这和盎格鲁—撒克逊主体民族有关。盎格鲁—撒克逊人的脸型比较长,所以他们的西装领子比较宽广,也比较狭长。以3个扣子的居多,其基本轮廓也是倒梯形。

③ 美版西装。美版西装的基本轮廓是O形,宽松肥大,以单件者居多,一般是休闲风格,适合于休闲场合穿。美国人一般着装的基本特点可以用4个字来概括,就是宽衣大裤。穿着强调舒适、随意,是美国人的特点。

④ 日版西装。日版西装的基本轮廓是H形。它适合亚洲男人的身材,没有宽肩,也没有细腰。一般而言,它多是单排扣式,衣后不开衩。

学习案例 1－12

广州某出口企业外销业务员小A计划接待海外来访客户,小A身高1.80 m,身材魁梧。请问小A选择哪款西装得体?为什么?

(2) 西装穿着的基本礼仪

一套合体的西装与衬衫、领带、皮鞋、袜子应是一个统一的整体。

① 西装外套。西装有单件上装和套装之分。非正式场合,可穿单件上装配以各种西裤或牛仔裤等;半正式场合,应着套装,可视场合、气氛在服装的色彩、图案的选择上大胆些;正

式场合,则必须穿颜色素雅的套装,以深色、单色为宜。

👀 礼仪常识

西装的肩宽应略宽于穿着者的实际肩宽,把男士标准的"倒三角"体型展现出来;胸围应以可着一件羊毛衣为标准;袖长以到手腕为宜,里面所穿的衬衫袖子应露出 1~2 cm;西装的长度以盖住自己臀部的 4/5 为佳。根据西装的纽扣,有单排扣和双排扣之分。双排扣西装比较庄重,一般要求将扣子全部扣好;单排扣西装是传统规范的式样,其扣法很有讲究:一粒扣的,一般不扣;两粒扣的,只扣上面一粒或全部不扣;三粒扣的,一般扣上面两粒或只扣中间一粒。西装外套的左胸袋,又称手帕兜,用来插装饰性手帕,也可空着。手帕要根据不同场合折叠成各种不同的形状,插于西装左胸袋。

② 西装长裤。穿着西裤要考虑两个因素:一是大小,二是长短。

👀 礼仪常识

裤子大小的检测标准是:将裤扣扣好,拉链拉好之后,一只手的五指并拢从腰间插进裤子。若刚好插进一个手掌,则表示合适;若能插进两个手掌,则太大;若一个手掌都不能伸进,则太小。

西裤长短的检测标准是:西裤穿上后,以裤脚前面接触脚背,后面达到皮鞋后帮的一半为佳。

③ 衬衫。与西装配套的衬衫必须挺括、整洁、无褶皱,尤其是领口。衬衣袖子应以抬手时比西装衣袖长出 1~2 cm 为宜,领子应略高于西装领 1~2 cm,下摆要塞进西裤里。如果不系领带,则衬衫领口的纽扣必须解开。

④ 领带。领带被誉为"西装的灵魂",必须打在硬领衬衫上,要与衬衫、西装搭配和谐。系好领带后,其大箭头应在皮带的正上端,这样可把皮带头露出来,因为西装的最后一个纽扣通常是不扣的。

👀 礼仪常识

当穿毛衣或毛背心时,领带必须置于毛衣或毛背心内。领带夹是用来固定领带的,其位置不能太靠上,以衬衫的第 4 粒纽扣处为宜。在正式庄重场合穿西服必须打领带,其他场合不一定都要打领带。

⑤ 西装的鞋子与袜子。俗话说:"脚底没鞋穷半截""鞋袜半身衣",因此光有好看的衣服是不够的,还得配上合适、得体的鞋袜,穿着才算完美。穿西装一定要穿皮鞋,而且要上鞋油并擦亮,皮鞋的颜色要与西装相配套。穿皮鞋还要配上与西装颜色相近的袜子,袜子不能太短,长度应以坐下后不会露出腿上皮肤为宜。

⑥ 男士穿西装的 3 个"三"。

一是三色原则,是指男士在正式场合穿着西服套装时,全身颜色必须限制在 3 种颜色内,否则就会显得凌乱,有失庄重。

二是三一定律,是指男士穿着西装时,皮鞋、皮带、公文包颜色必须协调统一。皮鞋、皮带、公文包是男士最为引人注目之处,颜色统一能提升自己的品位。

三是三大禁忌,指在正式场合穿着西装时,不能出现的3个洋相。第一,袖口上的商标没有拆。商标未拆表示这件衣服还未出售。第二,在非正式场合穿着夹克打领带。夹克属于休闲装,在正式场合,穿夹克打领带是绝对不能被接受的。第三,穿西装时鞋袜不整齐、不匹配。穿西装一定要穿皮鞋,而不能穿布鞋或旅游鞋。穿皮鞋还要配上合适的袜子,袜子的颜色要比西装稍微深一些,使皮鞋与西装之间显示一种过渡。特别注意,不要穿尼龙丝袜。

学习案例 1-13

广州某出口企业外销业务员小A按计划接待海外来访客户,小A身穿黑色西装,里面穿一件黄色衬衣,系一条蓝色领带,脚上穿一双红色皮鞋和一双白色袜子。请问小A的着装是否得体?为什么?

(3)领带的打法

领带的打法有平结、交叉结、双环结、温莎结、双交叉结、半温莎结等多种打法。

平结为男士选用的领结打法之一,几乎适用于各种材质的领带。平结的打法如下图所示。

交叉结是单色素雅质料较薄领带适合选用的领结打法,喜欢展现流行感的男士不妨多使用。交叉结的打法如下图所示。

双环结适合年轻的上班族选用,采用双环结能营造时尚感。该领结完成后第一圈会稍露于第二圈之外,不能刻意盖住。双环结的打法如下图所示。

温莎结适合宽领型的衬衫,该领结应多往横向发展,要避免用材质过厚的领带,也勿打

得过大。温莎结的打法如下图所示。

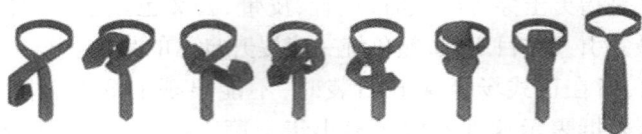

双交叉结会让人有种高雅且隆重的感觉,适合正式活动场合选用。该领结应多用在素色且丝质领带上,如果搭配大翻领的衬衫会有种尊贵感。双交叉结的打法如下图所示。

半温莎结比温莎结稍薄,做起来也更容易。它非常适合细领带、优质的丝织品和敞开的衣领。

三、女士着装

女性服装比男性服装更具多样性,但是有些着装规则还是必须遵守的。每个女性都要树立一种最能体现自己个性和品位的风格。

1. 中式女礼服

旗袍被公认为是最能体现女性曲线美的一种服装。旗袍作为礼服,一般采用紧扣的高领、贴身、身长过膝,两旁开衩、斜式开襟、袖口至手腕上方或肘关节上端的款式,面料以高级呢绒绸缎为主,配以高跟鞋、半高跟鞋或面料高级、制作讲究的布鞋或绣花鞋。旗袍有着不同的款式和花色,作为礼服的旗袍最好是单色的,一般在绸缎面上刺绣或饰物。在礼仪场合穿着的旗袍,其开衩不宜过高,以到膝关节上方1~2寸为佳,旗袍的长度最好长至脚面。

2. 西式女礼服

(1)常礼服

常礼服也称为晨礼服,主要在白天穿,通常由质料、颜色相同的上衣和裙子搭配而成,也可以是单件连衣裙。一般以长袖为多,避免领口开得过大或臂膀过于裸露,可佩戴手套和帽子。常礼服适用于午宴、欢迎外宾所举行的仪式等场合。

(2)小礼服

小礼服也称为小晚礼服,为长至脚面而不拖地的露背式单色连衣裙,其衣袖有长有短;着装者可根据衣袖的长短选配长短适宜的手套,通常不戴帽子或面纱。小礼服适合于参加晚上6点以后举行的宴会、音乐会时穿。

(3)大礼服

大礼服也称为大晚礼服,为袒胸露背、单色拖地或不拖地、无袖的连衣裙,并佩戴相同颜色的帽子和长纱手套,以及各种饰物,其款式、用料及颜色等正向着自由化发展。大礼服是一种最正式的礼服,主要适用于在晚间举行的各种正式的活动,如官方举行的正式宴会、酒会、大型正式的交际舞会等。

3. 职业女士的着装

职业女装着装应讲究配套,款式较简洁,色彩较单纯,以充分表现女士的精明强干、落落大方。

（1）职业女装的样式

女士西装样式较多,领型有西装"V"领、青果领、披肩领等;款式有单排扣、双排扣;衣长也有变化,或是短至齐腰,或是长至大腿;造型上有宽松的、束腰的,还可有各种图案的镶拼组合。女士西装有衣裤相配的套装,也有衣裙相配的套裙。在社交场合无论西服套装还是西服套裙,款式都宜简洁大方,避免过分的花哨和夸张,以西装套裙最为正式。

（2）西装套裙的礼仪

所有适合职业女士在正式场合穿的裙式服装中,套裙是首选。它是西装套裙的简称,上身是女士西装,下身是半截式裙子。也有三件套的套裙,即女士西装上衣、半截裙外加背心。

套裙可以分为两种基本类型:一种是用女士西装上衣和任意的一条裙子自由搭配组合成的"随意型";另一种是女士西装上衣成套设计、制作而成的"成套型"或"标准型"。

① 套裙的选择。一套在正式场合穿着的套裙,应该由高档面料缝制,上衣和裙子要采用同一质地、同一色彩的素色面料。色彩方面以冷色调为主,应当清新、雅气而凝重,以体现穿着者的典雅、端庄和稳重。藏青、炭黑、茶褐、土黄、紫红等稍冷一些的色彩都可以。最好不选鲜亮抢眼的。有时两件套套裙的上衣和裙子可以是一色,也可以是上浅下深或上深下浅两种不同的色彩,这样形成鲜明的对比,可以强化穿着者留给别人的印象。

礼仪常识

正式场合穿的套裙,要讲究朴素而简洁,可以不带任何图案,也可以方格、圆点、条纹为主体图案,这样可使人显得静中有动、充满活力,但不能以花卉、宠物、人物等符号为主体图案。套裙上不宜添加过多的点缀,否则会显得杂乱而小气。

套裙上衣和裙子的长短没有明确规定。一般认为裙短不雅,裙长无神。最理想的裙长是裙子的下摆恰好到小腿肚子最丰满的地方。超短套裙,裙长应以不短于膝盖以上 15 cm 为限。

② 套裙穿着和搭配的注意事项。

大小适度。上衣最短可以齐腰,裙子最长可以到小腿中部,上衣的袖长要盖住手腕。

认真穿好。要穿得端端正正。上衣的领子要完全翻好,衣袋的盖子要拉出来盖住衣袋;衣扣要全部系上,不允许部分或全部解开,更不允许当着别人的面随便脱下上衣。

注意场合。女士在各种正式场合,一般以穿套裙为好,尤其是在涉外活动中。

协调妆饰。通常穿着打扮讲究的是着装、化妆和配饰风格统一，相辅相成。穿套裙时，必须维护好个人的形象，所以不能不化妆，但也不能化浓妆。选配饰也要少，要合乎身份。

兼顾举止。套裙最能体现女性的柔美曲线，这就要求举止优雅，注意个人的仪态等。当穿上套裙后，站要又稳又正，不可以双腿叉开，站得东倒西歪。就座以后，务必注意姿态，不要双腿分开过大，或是跷起一条腿来，抖动脚尖；更不可以脚尖挑鞋晃动，甚至当众脱下鞋。走路时不能大步地奔跑，而只能小碎步走，步子要轻而稳。拿自己够不着的东西时，可以请他人帮忙，千万不要逞强，尤其是不要踮起脚尖、伸直胳膊费力地去够，或者是俯身、探头去拿。

礼仪常识

穿套裙时一定要穿衬裙，特别是穿丝、棉、麻等薄型面料或浅色面料的套裙时，可以选择透气、吸湿、单薄、柔软面料的衬裙，且应为单色，如白色、肉色等。衬裙的颜色必须和外面套裙的色彩相互协调，不出现任何图案。应大小合适，不要过于肥大。

（3）套裙鞋袜的选择

用来与套裙配套的鞋子应该是皮鞋，并且黑色的牛皮鞋最好，也可以选择和套裙色彩一致的皮鞋。袜子可以是尼龙丝袜或羊毛袜，可以有肉色、黑色、浅灰、浅棕等几种常规选择。鲜红、明黄、艳绿、浅紫色等色彩鲜艳的袜子最好别穿，最好是单色。

穿套裙时，要注意鞋、袜、裙之间的颜色是否协调。鞋、裙的色彩必须深于或略同于袜子的色彩。不论是鞋子还是袜子，图案和装饰都不要过多。一些加了网眼、珠饰、吊带、链扣或印有时尚图案的鞋袜，只能给人肤浅的感觉，不建议穿。

在和套裙搭配穿时，鞋袜款式上也有讲究。鞋子应该是高跟、半高跟的船式皮鞋或盖式皮鞋，系带式皮鞋、丁字式皮鞋、皮靴、皮凉鞋等都不合适。高筒袜和连裤袜是套裙的标准搭配，中筒袜、低筒袜绝对不要和套裙同时穿。

礼仪常识

鞋袜应当大小相配套、完好无损。穿的时候不要随意乱穿，不能当众脱下。不要同时穿两双袜子，也不可以将九分裤、健美裤等当成袜子穿。有些女士喜欢有空便脱下鞋子，或是处于半脱鞋状态，还有个别人经常将袜子撸下去一半，甚至当着外人的面脱去袜子，这些都是不礼貌的行为。除此之外，不要暴露袜口。暴露袜口是公认的既缺乏服饰品位又失礼的表现。不仅穿套裙时应自觉避免这种情形的发生，穿开衩裙的时候更要注意。

（4）职业女性着装的禁忌

① 忌过分杂乱：生活中有一些人，虽然穿了一身很高档的套装或套裙，看上去的确是正式的职业装，可是给人的感觉却非常别扭，主要原因在于其穿着过分杂乱，不够协调。例如，个别女士穿高档的套裙，却光脚穿凉鞋，这不符合职业场合着装规范。

② 忌过分鲜艳：着装搭配要遵守三色原则，就是全身颜色不多于3种，不能过分鲜艳。重要场合套装或制服要尽量没有图案，或者只有规则的几何图案，不能过分花哨，否则会给

人不够稳重的印象。

③忌过分暴露:在职业场合着装不能过分暴露,不能暴露胸部、肩部、腰部、背部、脚趾和脚跟。

④忌过分透视:重要场合不能透过外衣看到内衣的颜色、款式、长短、图案,否则会让人感觉不礼貌。

⑤忌过分怪异:职场人员不是时装模特,着装搭配不能过分追求新奇古怪。

⑥忌过分紧身:衣服过于紧身,甚至显现出内衣裤的轮廓,这样既不雅观也不庄重。

学习案例 1-14

广州某出口企业外销女业务员小 C 与外销经理一起去某酒店拜会客户,小 C 身穿套裙,搭配穿着带有网眼的黑色丝袜。请问小 C 的着装是否恰当? 为什么?

四、服饰搭配常用英文

衣服/服装	clothes/clothing
男外衣	suit
女服	dress
便服	everyday clothes
礼服	formal dress
西装	suit
衬衫	shirt
裤子	trousers
裙子	skirt
皮鞋	leather shoes
长袜	stockings
短袜	socks
领带	tie

学习案例 1-15

1．我觉得这件西装我穿得下。
I think this suit will fit me.
2．你的衣服看起来不搭配。
Your clothes don't match.
3．这件衬衫看起来很时髦,而且不会很贵。
This shirt is very stylish and not very expensive.
4．黑色的西装很适合商务洽谈。
The black suit is very suitable for business negotiation.
5．西装套裙让职业女性更加具有吸引力。

Suit dress make career women more attractive.

6. 注重服饰搭配有利于促进商务洽谈。

Pay more attention to dress will facilitate business negotiation.

典型工作任务四　仪态培训

工作困惑

作为一名外销业务人员,在与客户打交道时如何注意自己的仪态?仪态包括哪些方面?各有哪些注意事项?

工作认知

仪态是指一个人的姿态,泛指人的身体所呈现出来的样子。仪态往往可以表现出一个人的风度与气质,人们甚至可以从人的体态传达的信息中探知人的内心秘密,从而判断出对方的身份、品格、学识、能力和其他方面的修养等。

一、站姿

站姿是外销业务人员工作和日常生活中第一个引人注意的姿势,是人们平时经常采用的一种静态的身体造型,是发展不同动态造型的基础。良好的站姿能塑造良好的气质与风度。

1. 站姿要领

俗话说:"站如松",就是说人的站立姿势要像青松一样端直挺拔才会美丽。站立时,整个人要收腹、立腰、提臀。具体是:一要平,即头平正、双肩平、两眼平视;二要直,即腰直、腿直,后脑勺、背、臀、脚后跟成一条直线;三要高,即重心上拔,人体有向上的感觉,两腿并拢,膝盖挺直,小腿向后发力,人体的重心在前脚掌。

标准站姿的基本要领如下。

① 全身笔直,两眼平视。

② 女士手指并拢,双臂自然下垂,两脚并拢站立呈标准立正姿势,或者脚跟并拢,脚尖分开呈"V"形。在较正式的迎送场合中,女士还可以将右手搭在左手上,拇指交叉,并将双手置于肚脐位置上,两脚站成"丁"形,腹部略收。

③ 男士手指并拢,双臂自然下垂,两脚并拢呈标准立正姿势,或者将两脚分开与肩同宽,也可呈"V"形。

④ 站累时,一只脚可后撤半步,但上体仍须保持垂直,身体重心在两腿正中。

无论是男士还是女士,站立时都要做到自然并保持面带笑容,这样可以表现出饱满的精神状态,给人以良好的印象。标准的站姿如下图所示。

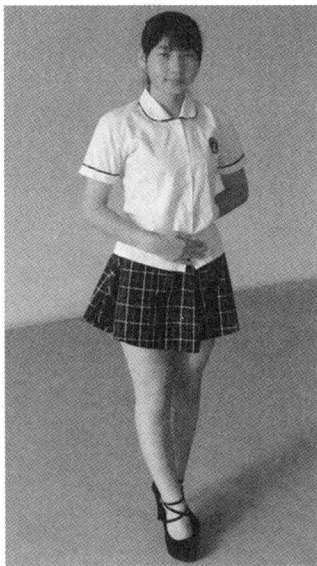

2. 不良站姿

① 手位不当:双手叉在腰间,或是抱在胸前,或是插在裤袋里。

② 身躯歪斜:头偏,一肩高一肩低,弯腿,驼背。

③ 乱动:眼睛不断左右斜视,或是双臂胡乱摆动,或是双腿不停抖动。

这些不良站姿不但会使人们显得拘谨、有失庄重,还会给人缺乏自信和没有经验的感觉。

学习案例 1－16

广州某出口企业外销业务员小 A 接待海外来访客户,在与客户洽谈时,小 A 双手插在裤袋,双腿不停抖动。请问小 A 的举止是否得体?为什么?

二、行姿

行姿是一个人在行走过程中的姿势,也可以叫作走姿,是以人的站姿为基础,身体始终处于行走中的一种姿势。行姿体现的是一种动态的美。

1. 行姿的基本要求

行走时,上体要正直,身体重心略向前倾,头部要端正、颈要梗直,双目平视前方,肩部放松,挺胸立腰,腰部略微上提,两臂自然前后摆动(摆动幅度为 35 cm 左右),双臂外开不超过30 度。行走时步伐要稳健。标准的行姿如下图所示。

2. 行姿的注意事项

所谓的"行如风",是指行走动作连贯,从容稳健。

礼仪常识

走路时姿态美不美,是由步幅、步速和步位决定的。适当的步幅是指前脚跟与后脚尖相距一脚长,但因性别不同和身高不同会有一定的差距。通常,男士步幅以一脚半距离为宜,女士步幅以一脚距离为宜,步速自然舒缓。行走时,女士的行走轨迹应该是一条线,即行走时两脚内侧在一条直线上,两膝内侧相碰,收腰、提臀、挺胸、收腹,肩外展,头正颈直收下颌。而男士的行走轨迹是两条线,即行走时两脚的内侧应是在两条直线上。

3. 不良行姿

① 行走时身体前俯后仰,或是两只脚脚尖同时向内侧或向外侧呈"八"字形,步子太大或太小,都会给人一种不雅观的感觉。

② 双手反背于背后,会给人以傲慢、呆板之感。

③ 腰部不直立,身体乱晃乱摆,也会让人觉得轻佻,缺乏教养。

此外,不可把手插进衣袋或裤袋里。多人同行时,不能横排并走,更不能勾肩搭背。

三、坐姿

坐姿是指人在就座后身体所保持的一种姿势。通常要依据所处场合、着装,以及椅子的高低采用不同的坐姿。

1. 坐姿要领

入座时要轻而缓，走到座位面前转身，轻稳地坐下。女士入座时，如果穿着裙装，应用手将裙摆向下捋平再坐，不要坐下后再站起整理衣服。坐下后，上身保持挺直，头部端正，目光平视前方。坐稳后，身子一般只占座位的2/3。女士的双手放在左腿或右腿上，双膝并拢，并且任何时候都不能分开。一般情况下不能靠背，休息时可以轻轻靠背。

常见坐姿的要领如下。

① 标准式：上身挺直，头部端正，双脚的脚跟、膝盖直至大腿都要并拢在一起，小腿与地面呈90度，双手叠放于左（右）大腿上。男士双膝可略分开，但不应宽于双肩。

② 前伸式：在标准坐姿的基础上，两小腿向前伸出一脚的距离，脚尖不要翘起。

③ 前交叉式：在前伸式坐姿的基础上，双腿并拢，右脚后缩，与左脚交叉，两踝关节重叠，两脚尖着地，如图a所示。

④ 曲直式：右脚前伸，左小腿屈回，大腿靠紧，两脚前脚掌着地，并在一条直线上，如图b所示。

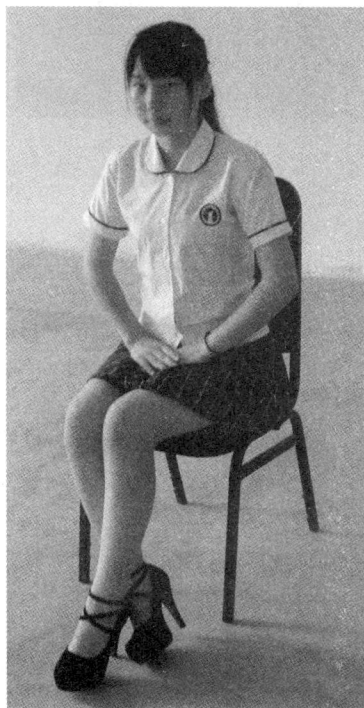
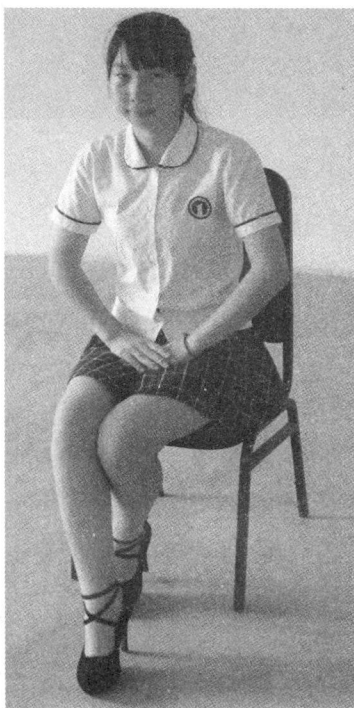

a　　　　　　　　　　　　　　　　　　b

⑤ 重叠式：在标准坐姿的基础上，两腿向前，一条腿提起，腿窝落在另一条腿的膝关节上边，要注意上边的腿向里收，贴住另一条腿，脚尖向下，如图c所示。

⑥ 侧点式：两小腿向左斜出，两膝并拢，右脚尖靠拢左脚内侧，左脚掌着地，头和身躯向右斜。男士不宜采用这种坐姿。

⑦ 侧挂式:在侧点式的基础上,左小腿后屈,脚绷直,脚掌内侧着地,右脚提起,用脚面贴住左踝,膝和小腿并拢,上身右转,如图 d 所示。男士不宜采用这种坐姿。

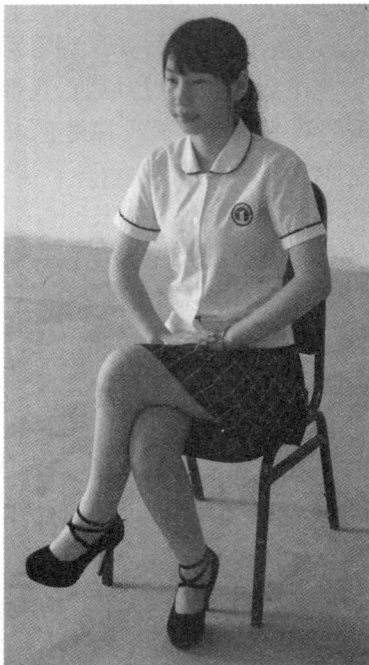

c   d

2. 不良坐姿

① 与人交谈时,双腿不停抖动,甚至鞋跟离开脚跟晃动。

② 坐姿不符合环境要求。与人交谈时不能叠腿,特别是谋职面试,与领导、长辈谈话时,应保持大腿与小腿呈直角,臀部与背部呈直角,而且不能靠背。

③ 不能将双脚搭到椅子、沙发、桌子上。男士不能把双腿敞开过大,也不要把双腿拉开呈"八"字形,更不要将脚伸得很远,同时也不能跷起二郎腿。

这些不良坐姿都是缺乏教养和傲慢的表现。

学习案例 1-17

广州某出口企业外销业务员小 A 接待海外来访客户,在与客户洽谈时,小 A 跷起二郎腿。请问小 A 的举止是否得体?为什么?

四、手势

手势是通过手和手指活动所传递的信息。手势是一种非常富有表现力的"体态语言",不仅对口头语言起加强、说明、解释等辅助作用,而且还能表达有些口头语言所无法表达的内容和情绪。

1. 手势动作注意事项

（1）遵守惯例

在使用手势动作时,有一定的习惯。例如,在任何情况下都不要用手指指点别人,那是极不礼貌的行为;在谈到自己的时候,可以用右手轻按自己的左胸,这样显得稳重可信;使用手势时,右侧用右手指示,左侧用左手指示,同时注意使用整个手掌,拇指自然地靠近内侧,其他四指并拢;目光望着对方的眼睛,然后移向所指方向等。

礼仪常识

因各国习惯不同,同一手势所表达的意思也不尽相同。因此,与外国人交往时不可乱用手势。例如,在我国竖起大拇指表示称赞夸奖;在欧洲一些国家,伸出拇指上挑可视作招呼出租车;在澳大利亚竖起大拇指,尤其是横着伸出则被认为是一种侮辱。又如,OK 手势在美国人眼中是好、顺利、平安之意;在日本则代表钱;在南美洲的一些国家,这是一个下流、侮辱性的手势。再如,在我国和日本招呼别人过来时,可伸出手掌向下摆动,但在美国这是唤狗的手势,如果用来招呼人则会引起误解。

学习案例 1-18

广州某出口企业外销女业务员小 C 与外销经理一起去某酒店拜会美国客户,在业务洽谈时,美国客人不断地做出 OK 手势。请问客户表达何种意思?

（2）避免手势动作幅度过大,过于夸张

在交谈中,人们常常借用手势来加强语气,但手势动作幅度过大会引起对方的反感。

（3）避免一些不雅的手势动作

手势动作帮助表达,但在运用中要把握得当,否则如当众搔头皮、掏耳朵、挖鼻孔、剔牙、咬指甲、修指甲等,则有失雅观,有损个人仪表形象。

2. 常见手势动作

（1）致意、告别

当双方距离很近时,手势幅度要小,五指自然并拢,抬起小臂挥时,可适当加大手势的幅度。

（2）"V"形手势

第二次世界大战期间,英国首相温斯顿·丘吉尔推广了这个手势,表示胜利,非洲大多数国家也是如此。如果手心向内,在澳大利亚、新西兰、英国则是一种侮辱人的信号。在欧洲各地也可表示数字2。

（3）塔尖式手势

这一手势具有独特的表现风格,自信者、高傲者往往使用它,主要用来传达"万事皆知"的心理状态。

(4) 背手

英国皇家的几位主要人物以走路时昂首挺胸、手背身后的习惯而著称于世。显然这是一种拥有至高无上的权威、自信或狂妄态度的人体信号。将手背在身后还可起到一定的"镇定"作用,使人感到坦然自若,还会赋予使用者一种胆量和权威。

礼仪常识

一般认为,掌心向上的手势有诚恳、尊重他人的含义;掌心向下的手势意味着不够坦率、缺乏诚意等;攥紧拳头暗示进攻和自卫,也表示愤怒;伸出手指来指点,是要引起他人的注意,含有教训人的意味。因此,在介绍某人、为某人引路指示方向、请人做某事时,应该掌心向上,以肘关节为轴,上身稍微前倾,以示尊敬。这种手势被认为是诚恳、恭敬、有礼貌的。

五、仪态培训常用英文

站姿	standing posture/stance
行姿	walking posture
坐姿	sitting posture
手势	gesture
手语	sign language
点头	nod
摇头	to shake one's head
手势语	gesture language
挥动拳头	to shake one's fist
耸耸肩膀	to shrug one's shoulders
昂首挺胸	to hold one's head high

学习案例 1—19

1. 站立时都要做到自然并保持面带笑容,给人以良好的形象。

To stand naturally and keep with a smile will show good impression to your customers.

2. 在与客人洽谈时需要正常的坐姿。

While making business negotiation with customers, it is necessary to adopt normal sitting posture.

3. 在任何情况下都不要用手指指点别人,那是极为不礼貌的。

It is impolite to point to the others with fingers at any time.

4. 在业务洽谈中,可以采用手语。

We can use sign language in business negotiation.

5．一般来讲,点头表示肯定。

Generally speaking,nodding means agreement.

6．在与客人洽谈时,我们要注意站姿、行姿和坐姿。

When we make business negotiation with our customers,we must pay attention to standing posture,walking posture and sitting posture.

综合实训

一、实训目的

1．通过实训,理解并掌握头发修饰、皮肤护理、女士化妆、男士洁妆,以及香水使用,正确观看客人和微笑的方法与禁忌,着装原则、男女士着装注意事项,站姿、行姿、坐姿和手势的注意事项与禁忌。

2．通过实训,正确完成形象礼仪操作,从容得体应对客户。

二、实训内容

围绕形象礼仪,通过实训,全面掌握有关仪容修饰、仪表规范、服饰搭配和仪态培训等相关知识,并具备扎实的理论基础与职业能力。根据认知规律,实训分为基础理论知识部分与实践技能操作部分。

基础理论知识

一、模块核心概念

1．仪容

2．仪表

3．眼神

4．平视

习题自测

5．商务凝视区域

6．TPOR 原则

7．仪态

二、单项选择题

1．穿西装时,纽扣扣法有讲究,穿(　　)西装,不论在什么场合,都要扣上全部扣子。

　　A. 两粒扣

　　B. 三粒扣

　　C. 单排扣

　　D. 双排扣

2．随着现代商务的高层次发展,越来越多的女性开始走向社交场合。女士在涉外谈判场合中着装方面应注意(　　)。

　　A. 一定要穿套服而不应该穿民族服装,因为这样会显得比较正式

B. 一定要穿民族服饰,不应该穿套服

C. 注重场合做合情合理的选择

D. 只要整洁就可以了

3. 一般情况下,在交际中眼睛注视对方的时间应为会晤时间的(　　)。

A. 60%

B. 50%

C. 40%

D. 30%

4. 女士坐在椅子上时,应占椅子的(　　)。

A. 2/3

B. 1/3

C. 1/2

D. 3/4

5. 哪一项不是穿西装必要的?(　　)

A. 一定要打领带

B. 一定要穿皮鞋

C. 一定要配领带夹

D. 一定要穿衬衫

6. 女士着裙装时,应注意要(　　)。

A. 并腿而坐

B. 光脚穿着凉鞋

C. 穿着短袜

D. 不穿袜子

7. 在正式场合,女士不化妆会被认为是不礼貌的,如果活动时间长了,应适当补妆,但在(　　)不能补妆。

A. 办公室

B. 洗手间

C. 公共场所

D. 休息室

8. 在站立时,两脚尖分开角度最恰当的为(　　)度。

A. 30

B. 60

C. 45

D. 15

9. 男士应养成(　　)修面剔须的好习惯。

A. 每天

B. 1～2 天

C. 2～3 天

D. 3～4 天

10. 领带夹应别在七粒扣衬衫上数的(　　　)个纽扣之间。

　　A. 第四和第五

　　B. 第二和第三

　　C. 第三和第四

　　D. 第五和第六

三、多项选择题

1. 穿西装时的三大重要规则是(　　　)。

　　A. 三色原则

　　B. 三大场合

　　C. 三一定律

　　D. 3 个错误不能犯

2. 人与人交往时,目光的交流总是处于最重要的地位。关于不同场合中的目光的说法不正确的是(　　　)。

　　A. 见面时,要睁大眼睛,以闪烁光芒的目光正视对方片刻,面带微笑,显示出喜悦的心情

　　B. 与人交谈时,应一刻不停地注视对方的眼睛,以显示对对方的话题感兴趣

　　C. 集体场合中开始讲话时应用目光扫视全场,表示"我要开始讲了,请大家予以注意"

　　D. 看对方时,眼睛不能一直盯着对方

3. 站姿需要注意的是(　　　)。

　　A. 挺胸,收腹

　　B. 立腰,提臀

　　C. 抬头,眼光向上

　　D. 手抱在胸前

4. 选择发型的原因有(　　　)。

　　A. 与脸型协调

　　B. 与发质协调

　　C. 与体型协调

　　D. 与年龄、职业相协调

　　E. 与服饰相协调

5. TPO(Time、Place、Object)原则要求着装根据(　　　)的变化而相应变化。

　　A. 目的

　　B. 地点

　　C. 任务

　　D. 时间

四、判断题

1. 事实上,修饰与维护,对于仪容的优劣而言往往起着一定的作用。　　　　　(　　)

2. 在涉外场合,女士佩戴很多首饰、打扮时髦、化妆夸张会给外宾留下好印象。　(　　)

3. 不时用手理头发,可以确保仪容整齐。   （ ）

4. 在国际商务礼仪中,目光是传递信息的无声语言。   （ ）

5. 微笑既可以是发自内心的,又可以是故作姿态的。   （ ）

6. 选择服装时应考虑气候、出席的场合等因素。   （ ）

7. 正式场合穿西服时,应穿黑色皮鞋、深色袜子,不能穿其他色调鞋袜。   （ ）

8. 在一般情况下,商务女士穿超短套裙时,裙长应以不短于膝盖以上 17 cm 为限。

                                                        （ ）

9. 在英国,伸出食指和中指形成"V"形,手掌向着自己的脸,是骂人的意思。 （ ）

10. 在美国招呼别人过来时,可伸出手掌向下摆动。   （ ）

五、案例分析

1. 小张是刚从学校毕业的学生,很幸运地进入了一家外企工作。但是他很发愁:这个周末他要接待来自公司总部的高层领导,这是他第一次接待高层领导,不知道应该注意哪些方面才不会办砸这次接待。请同学们为小张进行合理的个人形象设计(通过所学的礼仪常识,为小张进行个人形象设计,主要从仪容、仪表、服饰以及仪态等方面入手)。

2. 深圳某出口企业外销女业务员小 B 接待来访客户,小 B 使用了鲜艳的口红,同时把指甲也涂上了鲜红的指甲油。

请问:小 B 的仪容修饰是否恰当? 为什么?

实践技能操作

一、仪容修饰、仪表规范、服饰搭配、仪态培训中英文认知

1. 将英文单词、词组译成中文

（1）appearance

（2）skin

（3）perfume

（4）expression

（5）smile

（6）sincere

（7）moderate

（8）suit

（9）tie

（10）gesture

（11）walking posture

（12）sitting posture

2. 将中文句子译成英文

（1）始终保持良好的仪容仪表。

（2）他让自己的举止仪态变得高雅完美。

（3）在任何情况下都不要用手指指点别人,那是极为不礼貌的。

二、审核以下案例,指出其中的错误,并改正

1. 广州和鑫工贸有限公司(Guangzhou Hexin Industrial and Trade Co., Ltd.)的王伟经理接待一个外商考察团,其亲自挑选了几位员工来做接待工作。考察团来到该企业后,看到男员工穿着便服,女员工穿着紧身上衣、黑色皮裙,还有一些员工身子斜靠在桌子旁站着,并且高声大笑。结果还没有座谈,外商就找借口匆匆走了,工作人员被搞得一头雾水。

请问:外商为何匆匆走了? 本案例中存在什么问题?

2. 上海金雕贸易有限公司(Shanghai Golden Eagle Trading Co., Ltd.)的李女士工作负责、精明能干,被派到一家法国企业洽谈业务。但是,李女士性格大大咧咧,平时在个人形象上不是很注意。她去法国企业洽谈业务时,不修边幅,没有化妆,出门之前也没有漱口,穿着休闲装。到了对方企业后,她大大咧咧坐下并跷起了二郎腿。法国谈判代表看到她这种表现后,借口忙、没有时间,要求下次另选时间谈判。而李女士回到公司后才知道法国企业取消了这次业务合作。但是她一直不明白,究竟是什么原因导致这次谈判失败。

请问:李女士究竟错在哪里? 为什么这次谈判会失败?

宗教礼仪操作

典型工作任务	1. 伊斯兰教客户应对 2. 基督教客户应对 3. 佛教客户应对
主要学习目标	1. 熟悉伊斯兰教、基督教、佛教三大宗教经典、信奉对象与标记 2. 熟悉伊斯兰教、基督教、佛教三大宗教派别、教义 3. 掌握伊斯兰教、基督教、佛教三大宗教派别禁忌、主要节日
基础理论知识	1. 《古兰经》《圣经》《大藏经》 2. 白金法则 3. 黄金法则
工作操作技能	能够正确地完成宗教礼仪操作,从容得体应对客户

典型工作任务一　伊斯兰教客户应对

工作困惑

作为一名外销业务人员,如何应对伊斯兰教客户?伊斯兰教有哪些教义规定?有哪些禁忌?

工作认知

公元 7 世纪初,穆罕默德在阿拉伯半岛创立伊斯兰教。伊斯兰是阿拉伯语音译,原意为"顺从""和平",是指顺服和信仰创造宇宙的主宰安拉及其意志,以求得两世的和平与安宁。"穆斯林"是指信奉伊斯兰教的人,为阿拉伯语的音译,本意为"顺从者",即顺从安拉意志的人。

礼仪常识

伊斯兰教是世界三大宗教之一。在世界上，信仰伊斯兰教的国家遍布亚、非两个大洲，总体算来有大约 50 个国家和地区。此外，在各大洲的很多国家都有信仰伊斯兰教的信徒（穆斯林），其中包括一些西方国家，诸如英、美、俄、法、德等。

伊斯兰教人口占全国人口 50% 以上的国家有：印尼、马来西亚、文莱、巴基斯坦、孟加拉国、阿富汗、马尔代夫、沙特、阿联酋、阿曼、伊朗、土耳其、埃及、科威特、伊拉克、卡塔尔、约旦、黎巴嫩、巴林、也门、叙利亚、巴勒斯坦、阿尔巴尼亚、波黑、哈萨克斯坦、乌兹别克斯坦、土库曼斯坦、吉尔吉斯斯坦、塔吉克斯坦以及阿塞拜疆等。

一、伊斯兰教经典、信奉对象与标记

1. 伊斯兰教经典

伊斯兰教的经典为《古兰经》和《圣训》。

（1）《古兰经》

《古兰经》是伊斯兰教最基本的经典。"古兰"是阿拉伯语的音译，翻译成中文为"诵读"。《古兰经》包括伊斯兰教基本信仰、宗教制度、对社会状况分析、社会主张、道德伦理规范、早期制定的各项政策、穆罕默德及其传教活动、当时流行的历史传说、寓言、神话和谚语等内容。

（2）《圣训》

《圣训》也称为《哈迪斯》，是穆罕默德的言行录，是对《古兰经》的补充与注释。

2. 伊斯兰教信奉对象

伊斯兰教信奉对象是安拉，也称为真主。安拉是伊斯兰教信奉的独一无二的主宰，创造宇宙万物，主宰世界一切，无所不在，永恒唯一。伊斯兰教不设立偶像。

学习案例 2—1

广州某出口企业外销业务员小 A 与阿联酋客户 Mohammad 先生在业务洽谈时，向 Mohammad 先生介绍他的宗教信仰——佛教是创立最早的宗教，并称释迦牟尼是世界信仰中心，而 Mohammad 先生是一名虔诚的伊斯兰教教徒。请问小 A 的行为是否恰当？为什么？

3. 伊斯兰教标记

伊斯兰教的标记为新月。

二、伊斯兰教派别和教义

1. 伊斯兰教派别

伊斯兰教主要分为逊尼和什叶两大派系,也有其他一些小派系(如哈瓦里吉派、伊斯玛仪派)。两大派系的区别主要在于对于穆圣继承人的合法性的承认上。

(1)逊尼派

逊尼派被认为是主流派别,又被称为正统派,分布在大多数伊斯兰教国家,中国穆斯林也大多是逊尼派。逊尼派认为哈里发只是信徒的领袖,穆圣的宗教领导人身份的继承者,无论是谁,只要信仰虔诚,都可以担任哈里发(即安拉使者的继承人)。

(2)什叶派

什叶派的信徒主要分布在伊朗,还存在于其他一些国家和地区,如伊拉克等。按什叶派的观点,只有穆圣的女婿兼堂弟阿里及其直系后裔(即穆罕默德·哈希姆家族)才是合法的继承人。

礼仪常识

不管是逊尼派,还是什叶派,都是穆斯林兄弟。他们都信仰同一部《古兰经》,遵《圣训》,都诚信真主独一,承认穆罕默德圣人是真主派给人类的最后一位使者。

2. 伊斯兰教教义

伊斯兰教教义由三部分组成:六大信仰、五功和善行。

(1)六大信仰

伊斯兰教基本信条为"万物非主,唯有真主,穆罕默德是安拉的使者",这在中国穆斯林中视为"清真言",突出了伊斯兰教信仰的核心内容。具体而言又有六大信仰之说。

① 信安拉。

伊斯兰教是严格的一神教,相信除安拉之外别无神灵,安拉是宇宙间至高无上的主宰。《古兰经》第112忠诚章称:"安拉是真主,是独一的主,他没生产,也没有被生产;没有任何物可以做他的匹敌。"据《古兰经》记载,安拉有99个美名(99种德性),是独一无二、永生永存、无所不知、无所不在、创造一切、主宰所有人命运的无上权威。信安拉是伊斯兰教信仰的核心,体现了其一神论的特点。

② 信使者。

《古兰经》中曾提到了多位使者,其中有阿丹、努哈、易卜拉欣、穆萨、尔撒(即《圣经》中的亚当、诺亚、亚伯拉罕、摩西、耶稣),只有安拉知道他们的数目。使者中最后一位是穆罕默德。他是最伟大的先知,是最尊贵的使者,也是安拉"封印"的使者,负有传达"安拉之道"的重大使命,因为他是被安拉派遣到人神两类的使者。他专门传达主意、开导世人,因此服从安拉的人,应无条件地服从穆罕默德。

③ 信天使。

天使是安拉用"光"创造的无形妙体,无性别之分,受安拉的差遣管理天国和地狱,并向人间传达安拉的旨意,记录人间的功过。《古兰经》中有四大天使:哲布勒伊来(Jibra'il)、米卡伊来(Mikal)、阿兹拉伊来(Azral)及伊斯拉非来(Israfil),分别负责传达安拉命令及降示经典、掌管世俗时事、司死亡和吹末日审判的号角。

④ 信经典。

《古兰经》是安拉启示的一部天经,教徒必须信仰和遵奉,不得诋毁和篡改。《古兰经》比其他一切经典优越,包罗其他一切经典的意义,信徒应依它而行事。

⑤ 信后世。

伊斯兰教认为:整个宇宙及一切生命,终将有一天全部毁灭。然后安拉使一切生命复活,即复活日来临。复活日到来时,一切生命的灵魂都将复返于原始的肉体,奉安拉的命令而复活,并接受安拉最终的判决:行善的人将进入天堂,永享欢乐;作恶的人将被驱入地狱,永食恶果。伊斯兰教所提倡的两世兼顾,号召穆斯林要在现世努力创造美满生活,同时也应该以多做善功为未来的后世归宿创造条件,二者相辅相成。从某种意义上讲,相信后世可以制约人们今生的行为。

⑥ 信前定。

以上五大信仰是《古兰经》明文直接提出的。依据《圣训》,信前定也被列入六大信仰。穆斯林大众和正统派对前定的主张处于宿命论和自由论中间,认为世间的一切都是由安拉预先安排好的,任何人都不能变更,唯有对真主的顺从和忍耐才符合真主的意愿。不可更改的前定,如美丑、大小、生死。通过施舍、祈祷等因素可以更改的前定,如福祸、善恶、寿命。言行、动静有一定的自由。不自由的行为,如跌倒,这种行为是真主完全注定的,人类对这种行为及后果不负责。自由的行为,如蹲下、走动,这种行为不是完全注定的,而是真主给人类输入了双向选择权,人类有意志自由地选择。

(2)五功

伊斯兰教学者根据《古兰经》内容,将5项基本功课概括为念、礼、斋、课、朝。

① 念功。

念功是穆斯林信仰的确认,即念清真言。"万物非主,唯有真主,穆罕默德是安拉的使者",这是信仰的表白。当众表白一次,名义上就是一名穆斯林了。

② 礼功。

礼功是穆斯林信仰的支柱。按照日、月、年可分为日礼拜、聚礼拜、会礼拜。日礼拜为每日5次礼拜,即晨拜、晌拜、晡拜、昏拜、宵拜;聚礼拜为每周1次礼拜(即主麻拜);会礼拜为一年2次礼拜(即古尔邦节和开斋节的礼拜)。

礼仪常识

礼拜必须面向沙特阿拉伯境内的圣城麦加,在中国做礼拜要面向西方。礼功是督促穆斯林坚守正道,对自己的过错加以反省,避免犯罪,给社会减少不安定因素,为人类和平共处创造条件。

✏️ 学习案例 2-2

广东佛山某家具出口企业外销经理 B 与他的沙特客户 M 先生进行业务洽谈,接近午餐时,M 先生要求给他 10 分钟独处时间。M 先生是一名虔诚的伊斯兰教教徒。请问 M 先生会做什么?为什么?

③ 斋功。

斋功要求穆斯林清心寡欲,以近真主。即成年的穆斯林在伊斯兰教历的莱麦丹月(回历九月)白昼戒饮、食和房事一个月。黎明前而食,日落后方开。但封斋有困难者,如病人、年老体弱者和出门旅行者、孕妇和哺乳者可以暂免,或者过时再补,或者交纳一定的救济品施舍。

④ 课功。

课功要求穆斯林课以洁物,也称天课,是伊斯兰教对具有一定财力的穆斯林规定的一种功修。伊斯兰教认为,财富是真主所赐,富裕者有义务从自己所拥有的财富中拿出一定份额,用于济贫和慈善事业。"营运生息"的金银或货币每年抽 2.5%,农产品抽 1/10;各类放牧的牲畜各有不同的比例。关于天课的用途,《古兰经》有明确的规定,但是随着社会经济的变化,天课的用途在各国或各地区已不完全相同。

⑤ 朝功。

朝功是指穆斯林复命归真,即指穆斯林在规定的时间内,前往麦加履行的一系列功课活动的总称。教历每年的 12 月 8—10 日为法定的朝觐日期(即正朝)。在此时间外去瞻仰麦加天房称为"欧姆尔"(即"副朝")。

3. 善行

善行是《古兰经》要求穆斯林必须遵循的道德规范。

👀 礼仪常识

凡身体健康、有足够财力的穆斯林在路途平安的情况下,一生中到圣地麦加朝觐一次是必尽的义务。不具备上述 3 个条件之一者则可以进行代朝。

三、伊斯兰教禁忌与主要节日

1. 伊斯兰教禁忌

(1)饮食禁忌

伊斯兰教认为,安拉造化宇宙万物、创造了人类,为人类创造了大地上的一切供人们享用,允许人们吃一切合法而又佳美的食物。饮食极注重洁净,不食自死动物、血液、猪肉;禁食非诵安拉之命而宰杀的动物;禁食猛禽猛兽;忌食驴、骡、狗肉和外形丑陋之物;禁饮致醉和有毒的植物饮料;严禁饮酒;禁止从事与酒有关的营生;禁止出席提供酒水的宴席。

✏️ 学习案例 2-3

广州某出口企业外销业务员小 A 邀请阿联酋客户 Mohammad 先生午餐,在菜单中安排了美味的蛇羹,Mohammad 先生是一名虔诚的伊斯兰教教徒。请问小 A 的行为是否恰当?为什么?

（2）服饰禁忌

伊斯兰教认为,安拉为人类创造了大地上的一切,允许也要求所有穆斯林尽可能利用大地上的物质把自己装饰得美观一些、衣着讲究一些。只有接纳并且享用安拉所赐予的一切,才能感受到安拉对人类的仁慈。伊斯兰教要求穆斯林顺乎自然,不追求豪华,讲究简朴、洁净、美观。忌讳穆斯林穿外教服饰;禁止男性穿戴高贵服饰,严禁男人佩戴黄金饰物;禁止妇女显露美姿和妆饰,须戴面纱、盖头;禁止男女模仿。

（3）卫生禁忌

伊斯兰教非常注重卫生。《古兰经》中说:"安拉是喜爱清洁的。"要求穆斯林在日常生活中注意生活细节,并认真对待,竭力遵行。伊斯兰教要求穆斯林沐浴以洁净身体外表;禁止在公共场所大小便;禁止用右手处理污秽的事物,握手、敬茶、端饭均用右手;禁止在做礼拜时吐痰、打哈欠、吃东西,进礼拜殿前必须大、小净并脱鞋(大净是指从头到脚洗干净,小净是指洗净脸和手等)。

🐻 **学习案例2-4**

广州某出口企业外销业务员小 A 在与阿联酋客户 Mohammad 先生业务谈判时,用左手给 Mohammad 先生敬茶,Mohammad 先生是一名虔诚的伊斯兰教教徒。请问小 A 的行为是否恰当? 为什么?

（4）商业禁忌

伊斯兰教要求穆斯林商业诚信。严禁重利盘剥;禁止在商品中掺假、以次充好;禁止囤积财富,垄断市场;禁止缺斤少两;禁止发誓推销商品;禁止购买偷窃、抢夺来的物品;严禁出售违禁物品;禁止经商中使用欺骗手段。

（5）人际交往禁忌

伊斯兰教是一个重视交往、强调人情的宗教,提倡高尚的道德。《古兰经》要求穆斯林在人际交往中诚实守信、宽恕待人、互相合作、谦让利他、克己忍耐、语言优美、结交好人、重视礼节等。严禁说谎与做伪证;严禁污蔑、诽谤;严禁谗言、背后非议;严禁讥笑并以秽名相称;禁止恶意猜测;禁止偷窥他人隐私;禁止嫉妒;禁止妄言嬉行。

（6）婚姻禁忌

伊斯兰教反对独身主义,主张男大当婚女大当嫁。《古兰经》记载:"男女互为对方的衣服。"伊斯兰教认为,婚姻是一个人对自己、家庭、社会、人类生存延续负有责任的重要行为,因而伊斯兰教积极提倡男女健康合法的婚姻。严禁与外教人结婚;严禁与有相近血缘、亲缘、婚缘和乳缘关系的人结婚;严禁娶有夫之妇;严禁把离婚当作儿戏。

（7）丧葬禁忌

伊斯兰教规定丧葬的基本原则是土葬、薄葬和速葬。禁止葬礼喧哗;禁止在日出、日落和正午时间举行殡礼;严禁自杀、为自杀者站殡礼;严禁号啕大哭;严禁妇女参加殡礼、妇女为亡人超期守制;严禁设立灵位向亡人祷告;禁止无故迁坟;禁止盼望死亡。

（8）其他禁忌

严禁赌博、抽签、占卜和看相。

2. 伊斯兰教主要节日

（1）开斋节

伊斯兰教规定，9 岁以上的女性和 12 岁以上的男性穆斯林，每年斋月（希吉来历的莱麦丹月，即九月）都要封斋一个月。斋月最后一天寻看新月，见月的次日即行开斋，为开斋节，一般为希吉来历的 10 月 1 日。如果未见月牙，则顺延，但不超过 3 天。一般封斋的天数为30 天。节日的凌晨，人们聚集在礼拜寺做盛大的礼拜，然后开始热闹的节日活动。在我国新疆称之为"肉孜节"。

礼仪常识

穆斯林在封斋期间，每日两餐，每天从日出到日落要禁食和禁房事，只能大约在日出前1 小时和日落后 1 小时进餐。莱麦丹，是阿拉伯语"炎热"的意思，形容封斋的人通过"炎热"的磨炼来控制食欲和色欲。

学习案例2-5

2013 年 8 月 5 日，广东佛山某家具出口企业外销经理 B 向沙特客户 M 报价，M 先生一直没有答复，M 先生是一名虔诚的伊斯兰教教徒。请问 M 先生为何迟迟没有答复？

（2）宰牲节

宰牲节也称为古尔邦节，宰牲节在开斋节后 70 天举行，即希吉来历的 12 月 10 日。穆斯林每逢此节日要举行会礼，互相拜会。宰牲节是我国穆斯林的最大节日。

礼仪常识

相传 4 000 多年前，阿拉伯人易卜拉欣老来得子，为了感谢真主安拉的恩赐，常常宰牛、羊和骆驼献祭。一天夜里，易卜拉欣梦见真主安拉，真主安拉命他宰杀自己的独子易司玛仪献祭，以考验他对真主安拉的忠诚。梦醒后，易卜拉欣终于认识到这是真主的启示，决定第二天宰子献祭。当易卜拉欣遵命执行时，安拉又命以羊代替，遂产生宰牲节。

（3）圣纪节

圣纪节又称为圣忌日，希吉来历 3 月 12 日（公元 570 年）是穆罕默德的诞生日，希吉来历 11 年 3 月 12 日（公元 632 年 6 月 8 日）是穆罕默德的归真（逝世）日。伊斯兰教将穆罕默德的生日与忌日合并纪念，称为"圣纪"。在那天举行圣会，诵读《古兰经》，讲述穆罕默德的生平业绩等。

四、伊斯兰教客人应对常用英文

伊斯兰教　　　　　　　　Islam

古兰经	the Qui'an/The Koran
清真寺	mosque
穆斯林	muslim
逊尼派	sunni
什叶派	shiah
巴扎、集市	bazaar
清真食物	halal
朝觐者	hadji
斋月	ramadan
烤羊肉串	lamb kebabs

学习案例2-6

1. 伊斯兰教是世界上著名的宗教之一。
Islam is one of the great world religious.
2. 《古兰经》是伊斯兰教的经典。
The Koran is the sacred book of the Islam.
3. 信奉伊斯兰教的妇女出门之前往往用面纱把脸遮起来。
Muslim women used to veil their faces before going into public.
4. 伊斯兰教于公元7世纪传入中国。
Islam was introduced into China in the seventh century.
5. 在伊斯兰教国家里,妇女们在公共场合不能揭开面纱。
Women must not unveil themselves in public in Islamic societies.
6. 肉孜节是伊斯兰教盛大的民族节日。
The Rozah Festival is an important festival for Muslims.

典型工作任务二　基督教客户应对

工作困惑

作为一名外销业务人员,如何应对基督教客户？基督教有哪些教义规定？有哪些禁忌？

工作认知

基督为"基利斯督"的简称,意指上帝所差遣的救世主,是基督教对耶稣的专称。基督教是对信奉耶稣基督为救世主的各教派的统称。公元1世纪由巴勒斯坦拿撒人耶稣创立了基督教。

礼仪常识

相传耶稣是上帝的独生子,为圣灵降孕童贞女玛利亚生养成人。传说耶稣掌握许多神术,因得罪当权者而被钉死在十字架上。据传耶稣死后3天复活,显现于诸门徒,复活后第40日升天。据称,耶稣将再度降临人间,审判世界,在地上按上帝的意志拯救人类。基督教是世界三大宗教之一。在世界上,信仰基督教的国家遍布欧洲、美洲和大洋洲。

在"一带一路"65个国家与地区中,基督教人口占全国人口50%以上的国家有:菲律宾、东帝汶、波兰、罗马尼亚、捷克、斯洛伐克、保加利亚、匈牙利、拉脱维亚、立陶宛、斯洛文尼亚、克罗地亚、塞尔维亚、马其顿、黑山、俄罗斯、乌克兰、白俄罗斯、格鲁吉亚、亚美尼亚和摩尔多瓦等国。

一、基督教经典、信奉对象与标记

1. 基督教经典

基督教的经典为《圣经》,包括《旧约圣经》(《旧约全书》)和《新约圣经》(《新约全书》)两部分,被奉为教义和神学的根本依据,主要包括历史、传奇、律法、诗歌、论述、书函等内容,被认为具有神的启示和旨意。《圣经》的奇特之处在于书中诸多预言的精准应验。《圣经》不仅仅是一本宗教读物,其中也融合着历史、文化、政治、经济,与希腊文明一起,形成了今天的欧美文化。

2. 基督教信奉对象

对其所信奉的神,基督教新教称为"上帝"或"神",天主教则称为"天主"。上帝是天地万物的创造者和主宰,并对人赏善罚恶。基督教宣称,上帝(天主)只有一个,但包括圣父、圣子、圣灵3个位格。三者虽各有特定位份,但完全同具一个本体,共同构成上帝的统一整体,而不是3个独立的神。

3. 基督教标记

基督教标记为十字架,象征耶稣受难。

二、基督教派别和教义

1. 基督教派别

在基督教的发展历史上,发生过两次大的分裂,因而形成了三大教派。

(1)天主教

天主教也称为公教、罗马教、罗马公教,以罗马教皇为中心,全世界约有11.3亿名教徒,占世界总人口的17%,是基督教第一大教派。16世纪,基督教传入中国,因其信徒将所崇奉的神称为"天主",因而在中国被称为天主教。天主教鼓励信徒在教会训导和传承中去了解《圣经》经文的意义,在有关信仰与伦理道德方面服从教会的训导,在其他灵修、心得方面皆可有个人的感悟。

礼仪常识

天主教教堂尖顶上有十字架,十字架各种各样,堂顶有"天主堂"字样。天主教堂里,除中间有耶稣基督的十字架圣像外,有的教堂两边会有圣母玛利亚、大圣若瑟等圣人、圣女们的圣像,四壁还有耶稣基督走过的14处苦路像。天主教堂前堂中央都有一个祭台,供举行弥撒礼仪而用。天主教基督徒进教堂或祈祷前后都要在额上、胸前画十字,以表明自己是基督徒。天主教基督徒在教堂祈祷都念统一的祈祷文,同心合意地按一定的曲调而颂念。天主教的《圣经》共有73卷。天主教会的神职人员被称为教宗、主教、神父,而且都是奉献终生度独身生活的。

（2）东正教

东正教也称为正教、加特力教,是基督教第二大教派。公元11世纪中叶,为了争夺教权,基督教在欧洲分裂为西部的天主教和东部的正教(即东正教)。东正教主要分布于欧洲东部地区国家,如俄罗斯、希腊等国。

礼仪常识

东正教与天主教在教义上有这些区别。第一,东正教信守前7次公会议信条,不承认以后天主教所举行的历次公会议。第二,东正教注重道成肉身,认为人之得救,在于把必死之人通过与道成肉身的基督神秘联合而变成属于神的、不死的生命。东正教神学中很少有涉及人性本原败坏的内容,因此不十分强调赎罪论。东正教认为每一个人都在亚当的罪中犯了罪,拯救既要依靠自身,也要依靠天主,首要的是自身必须择善,天主才能帮助他们。第三,东正教特别重视对圣母玛利亚的崇拜。

（3）新教（狭义基督教）

新教也称为抗罗宗、更正教,在中国被称为基督教或耶稣教,全世界约有5.9亿名教徒。公元16世纪,德国的马丁·路德神父出于对教宗的种种不满而离开了天主教会,实施宗教改革,把圣经和教义做了一些改变后另创新教。天主教内脱离出新的宗派——抗罗宗,在我国称为新教。新教教徒对其所信奉的神称为"上帝",反对罗马教皇的绝对权威,不接受教皇支配,不承认天主教的某些教义。新教强调圣经的绝对性,鼓励自由解经,在释经学方面的发展和著作固然较为丰富,但由于没有一个明确的训导权威,因此也容易产生派系之争和异端邪说。

礼仪常识

基督教教堂尖顶上有十字架，一般都是红色的，堂顶有"基督教会"或"基督教堂"字样，有的还冠有本教派的名字，如"真耶稣教""安息日会""以马内利""哈利路亚"等。基督教堂内部设施比较简单，前面只有一个小小的讲道台，从不举行弥撒。基督教徒的祈祷则较为随便。新教的《圣经》只有66卷，在《旧约》中有7卷被马丁·路德删除了，因为这7卷书是用希腊文写成的，而马丁·路德只承认用希伯来文写成的39卷《旧约全书》。新教的神职人员都是结婚度世俗生活的，新教里没有修士、修女。

学习案例2-7

广东佛山某家具出口企业外销经理B有两个欧洲客户，其中一个客户遵从罗马教皇，另外一个客户信奉上帝。请问这两个客户信仰的宗教分别属于基督教的哪个派别？为什么？

2. 基督教教义与教规

（1）基督教教义

基督教中，尽管天主教、东正教、新教三大派别有所不同，但是基本教义却是相同的。

① 创世论。

创世论是关于世界的创造与维持的教义，是基督教的核心。基督教认为，在宇宙造出之前，没有任何物质存在，包括时间和空间，只存在上帝及其"道"。上帝通过"道"创造一切，包括地球和人类。上帝是万能的，是真善美的最高体现者，是人类的赏赐者。人类必须无条件地敬奉和顺从上帝，否则就要受到上帝的惩罚。

礼仪常识

《旧约·创世纪》认为上帝在6天之内创造了世界，其中第一天造了光，第二天造了空气，第三天造了大地和海洋，以及大地上的草木，第四天造了日月星辰，第五天造了水里的鱼和空中的飞鸟，第六天造了地上的牲畜、昆虫、野兽和人。第七天上帝歇息，这一天定为圣日。

② "三位一体"论。

三位一体论是基督教独有的上帝观，是基督教的基本信条之一。基督教认为上帝只有一个，但包括圣父、圣子、圣灵3个位格。圣父，即天地万物的创造者和主宰——神，基督教称之为上帝，也称"天父""耶和华上帝"；圣子，即耶稣基督，也称"上帝圣子"；圣灵也称"上帝圣灵"。这三者不是3个神，也不只是一位，是同具一个本体的独一真神。

③ 原罪论。

罪是指人顺从自己的私欲而违背上帝意旨的所言、所行和所想。《圣经》中称人类的始祖亚当和夏娃受蛇的诱惑，偷吃"禁果"犯了罪，成为整个人类的原始罪过。原罪传给后代子孙，成为人类一切罪恶和灾祸的根由。人一生下来在上帝面前就是罪人，需要基督的救赎。"原罪论"把人们原来对外的反抗引向对内的改革和自省，成为西方"罪感文化"的根源。

④ 救赎论。

基督教认为人类既有原罪，又无法自救，上帝圣父差其独生子耶稣降世为人，接受死亡，流出宝血以救赎信徒的罪。"赎价"付给谁有两种说法：一种说法是犯了罪成为魔鬼的奴仆，付给魔鬼；另外一种说法是犯了罪是对上帝欠了债，付给上帝。

⑤ 末世论。

末世论是关于人类与世界最终命运的教义，包括基督再临、死人复活、末日审判、千禧年及天堂、地狱等内容。基督教认为末日审判时，信上帝者将在天堂与神相伴，魔鬼、不信者、恶人将被打入地狱，接受永罚。

⑥ "信、望、爱"。

"信、望、爱"是基督教徒须具备的三大美德。信在圣经里有"信任""可靠""忠实性""信靠"之意；望有"期望""确信""求神庇护"之意；爱是神的本质，是基督教徒最大的美德。

礼仪常识

天主教的信仰生活的核心是 7 项圣事，即圣洗圣事、坚振圣事、修和圣事、圣体圣事（弥撒）、婚配圣事、圣秩圣事、病人傅油圣事。其中，弥撒是最重要的。日常生活中，诵经也是天主教信徒经常进行的活动，这些经文大都是一些经过编排的重要经文的连祷，如《天主经》《宗徒信经》和《玫瑰经》。东正教派的神学和对于经卷的解释都是遵循基督教兴起初期所传下来的典范。他们所有的努力都是为了继续和延续基督传给他最初使徒的，以及使徒传给早期教会僧侣的神学和信仰。从某种意义上说，东正教是最保守的基督教派。新教具有与天主教和东正教不同的教义，如强调"因信称义"，即得以称义不需要任何善行，只在乎信；人人皆可为祭司，只有《圣经》为最高的权威，并只承认洗礼和圣餐礼为圣礼，这与天主教和东正教注重圣事（即圣礼）的传统截然不同。

（2）基督教教规

"摩西十诫"也称"上帝十诫"或"十条诫命"，是基督教的教规。《旧约·出埃及记》记载，上帝耶和华在西奈山上通过晓谕以色列人的头领摩西而给他们 10 条诫命。具体内容是：除耶和华外不可敬拜别的神；不可拜偶像；不可妄称耶和华上帝的名；当纪念安息日，守为圣日；当孝敬父母；不可杀人；不可奸淫；不可偷盗；不可作假见证陷害人；不可贪恋别人的一切。

三、基督教禁忌与主要节日

1. 基督教禁忌

禁忌在基督教信仰中并不是重要的内容，基督教没有一整套烦琐的约束规范信徒信仰生活的清规戒律。荣神益人是信徒言行的总则。禁忌因不同教派、不同文化习俗导致不同的注重方面。基督教聚会场所布置十分简洁，一般不设圣像，包括用于崇拜的画像，突出十字架的标志，这主要源自于"十条诫命"的教义。基督教对婚姻十分重视，这主要源自于《圣经》中伊甸园的记叙。基督教认为婚姻是神圣的,应以一夫一妻为原则,上帝创造亚当、夏娃即表明这一道理,因此基督教不主张离婚。

① 不食血是基督教信徒生活中的一个明显禁忌。因为血象征着生命,《新约》把血的作用解释为耶稣基督在十字架上流血舍命而带给人的救赎能力。

学习案例2-8

广州某出口企业外销业务员小A在宴请美国客户Smith先生时,点了鸭血汤,Smith先生是一名虔诚的基督教教徒。请问小A的行为是否恰当? 为什么?

② 勒死的牲畜也是基督教禁食的,这与禁食动物血是一个道理。

③ 看相、算命、占卜等也是基督教禁止的。这些迷信活动相信上帝以外的神秘力量,违背了基督教教义。

④ 持"基督复临安息日会"教派背景的信徒在禁忌上有特别要求。他们认为信徒当守安息日,停止劳动,并在这一天举行聚会礼拜。饮食上不食猪肉和某些水产品。

学习案例2-9

广州某出口企业外销业务员小A某星期六打电话给美国客户Smith先生,发现Smith先生手机关机,又得知Smith先生是一名虔诚的基督教教徒。请问小A的行为是否恰当? 为什么?

《新约》对酒的禁忌较为灵活,没有将饮酒作为禁忌而直接禁绝,而是让人自己做出选择。吸烟在《圣经》中没有明确禁止,但大部分基督徒反对吸烟,特别是在聚会和崇拜活动中禁止吸烟。

礼仪常识

基督教教徒对数字"13"与星期五较为敏感。据传耶稣的受难是因12门徒之一的犹大的出卖造成的,受难日为星期五,最后的晚餐连耶稣在内共13人,所以基督教教徒忌讳数字"13",并将13日与星期五作为凶日。

2. 基督教主要节日

(1)圣诞节

圣诞节是基督教最重要的节日。为庆祝耶稣诞生,定于每年的12月25日为圣诞日。12月24日通常称为圣诞夜,教堂一般都要举行庆祝耶稣降生的夜礼拜(根据《圣经》耶稣降生于晚上),礼拜中专门献唱《圣母颂》或《弥赛亚》等名曲,进行朝圣表演,再现耶稣诞生时的情景。

学习案例2-10

广州某出口企业与美国客户Smith先生多年业务合作。Smith先生是一名虔诚的基督教教徒。请问外销业务员小A是否应该在12月25日前向Smith先生做出节日问候?

为什么?

(2) 复活节

复活节是纪念耶稣复活的节日。据《圣经·新约全书》记载,耶稣受难被钉死在十字架上后第三天复活。根据公元325年尼西亚公会议规定,复活节在每年春分后第一个圆月后的第一个星期日,一般在3月22日至4月25日之间,基督教多数教派都纪念这个节日。庆祝活动的具体内容各地不一,最流行的是吃复活节蛋,以象征复活和生命。

(3) 感恩节

感恩节为美国基督教的习俗节日。它起源于1621年,初为迁居美洲的清教徒庆祝丰收的活动,后由美国总统华盛顿、林肯等定此节为全国性节日。具体日期多经更改,1941年起定为11月第四个星期四举行,教堂在这一天举行感恩礼拜,家庭也举行聚会,通常共食火鸡等。

四、基督教客人应对常用英文

基督教	Christianity
天主教	Roman Catholicism
东正教	Greek Orthodox
教会	church
圣经	Bible
复活节	Easter
圣诞节	Christmas
平安夜	Christmas Eve
基督教堂	protestant church
天主教堂	cathedral
三位一体	the holy trinity
祷告	prayer
主教	bishop
牧师	pastor/minister/reverend
传教士	missionary

学习案例 2-11

1. 基督教徒信仰耶稣。
The Christians believe in Jesus.

2. 基督教徒敬拜上帝。
The Christians love God.

3. 感谢主。
Bless the lord.

4. 基督教徒在祷告时就表明了他们的宗教信仰。
The Christians profess their faith when they say the Creed.

5. 基督教徒努力按照《圣经》教导的那样生活。

The Christians try to live out their lives following the Bible.

典型工作任务三　佛教客户应对

工作困惑

作为一名外销业务人员,如何应对佛教客户? 佛教有哪些教义规定? 有哪些禁忌?

工作认知

佛教是世界三大宗教之一,有 12 亿信众,仅次于基督教(约 17 亿信众)与伊斯兰教(约 13 亿信众)。佛教创始于公元前 6 世纪的古印度,创始人为乔达摩·悉达多。他出生在今天的尼泊尔境内,是释迦部落的王子。他 29 岁时开始修行,创立了佛教。后来佛教传入亚洲其他地区,现在主要分布在亚洲的东部和东南部。

礼仪常识

当年悉达多在毕钵罗树(佛教信徒尊称为菩提树)下悟道,后创立了佛教。他走遍了恒河谷各地向人传教。有 5 位贵族接受了悉达多的教训之后,成为比丘,也就是第一批僧侣或和尚。社会各阶层和各种身份的人都来听他演讲而成为其弟子。在其后的几十年中他游走四方,招收了许多弟子,佛教影响逐渐扩大。在悉达多 80 岁高龄逝世(佛教称之为涅槃)时,他已举世闻名,被尊称为释迦牟尼佛。

在"一带一路"65 个国家与地区中,佛教人口占全国人口 50% 以上的国家有:泰国、老挝、缅甸、越南、柬埔寨、斯里兰卡和不丹等国。

一、佛教经典、供奉对象与标记

1. 佛教经典

佛教经典俗称佛经、藏经,也称《大藏经》或《三藏经》,一般由经、律、论三部分组成。佛经是在佛教发展的漫长历史中发展而成的,经历了长期逐渐积累的过程。在释迦牟尼有生之年,他的学说并未整理出来,圆寂后其弟子为了继承其传教事业,开始以集体忆诵和讨论的方法收集并整理他的言论(即结集),经过 4 次结集,形成了佛经。其内容博大精深,除佛教教义外,也包含了政治、伦理、哲学、文学、艺术、习俗等方面的论述,是人类历史上一笔丰厚的文化遗产。

2. 佛教供奉对象

（1）佛

所谓佛，即自觉、觉他、觉行圆满者。寺院经常供奉的佛如下。

① 三身佛。

据天台宗说法，佛（释迦牟尼）有三身，即法身佛毗卢遮那佛，代表佛教真理（佛法）凝聚所成的佛身；报身佛卢舍那佛，是指以法身为因，经过修习得到佛果、享有佛国（净土）之身；应身佛（又称化身佛，即释迦牟尼佛），是指佛为超度众生，来到众生之中顺缘应机而呈现的各种化身，特指释迦牟尼之生身。

② 三方佛。

三方佛又称横三世佛，体现净土信仰。佛教称世界有秽土（凡人所居）和净土（圣人所居佛国）之分，每个世界有一佛二菩萨负责教化。世界十方都有净土，但最著名的净土为西方极乐世界、东方净琉璃世界和上方的弥勒净土。中国佛徒大多愿往生西方极乐世界。"三方佛"正中为娑婆世界教主释迦牟尼佛，其左胁侍为文殊菩萨，其右胁侍为普贤菩萨，合称"释家三尊"。

③ 三世佛。

三世佛又称纵三世佛，从时间上体现佛的传承关系，表示佛法永存，世代不息。正中为现在世佛，即释迦牟尼佛。左侧为过去世佛，以燃灯佛为代表；右侧为未来世佛，以弥勒佛为代表。

（2）菩萨

所谓菩萨，即指自觉、觉他者。寺院中常见的菩萨有文殊菩萨、普贤菩萨、观世音菩萨、地藏菩萨、大势至菩萨。他们又分别组合为"三大士"（文殊、普贤、观世音）、"四大士"（文殊、普贤、观世音、地藏，又称"四大菩萨"）和"五大主"（文殊、普贤、观世音、地藏、大势至）。

文殊师利菩萨，简称文殊菩萨，意译为"妙德""妙吉祥"，专司智德（即佛教认识论）。文殊菩萨手持宝剑（或宝卷），象征智慧锐利；身骑狮子，象征智慧威猛，人称"大智文殊菩萨"，相传其道场在山西五台山。

普贤菩萨专司理德（即佛法）。手持如意律，身骑六牙大象（表示六度），人称大行菩萨，相传其道场在四川峨眉山。

观世音菩萨是佛教中慈悲的象征，相传其道场在浙江普陀山。

地藏菩萨负责救度地狱中的"罪鬼"，相传其道场在安徽九华山。

大势至菩萨使众生解脱血火刀兵之灾，相传其道场在江苏南通狼山。

（3）罗汉

罗汉全称为阿罗汉，即自觉者，已灭尽一切烦恼，受天人供养，他们永远进入涅槃，不再生死轮回，并弘扬佛法。佛教寺院中有十六罗汉、十八罗汉和五百罗汉。民间传说的济公也列在罗汉之中。

礼仪常识

南宋僧人道济,俗名李修缘,世称济公。他不守戒律,嗜好酒肉,如痴如狂,被称为"济癫僧""济癫"。相传济公为罗汉转世,但是去罗汉堂报到已晚,加上辈分不高,只得站在过道里,甚至让其蹲坐在梁上。

（4）护法天神

护法天神本是古印度神话中惩恶护善的人物,佛教称之为"天",是护持佛法的天神。著名的护法天神有四大天王、韦驮、二王尊、伽蓝神关羽等。

3. 佛教标记

佛教的标示图案是万字符。"卍"意思是佛法无边,万德庄严。佛教的标志也往往以法轮表示。因为佛之法轮如车轮辗转可摧破众生的烦恼。

二、佛教派别和教义

1. 佛教派别

根据佛教在世界的传播路径,可以将佛教分为三大教派。

（1）大乘佛教

大乘佛教也称汉语佛教,其经典主要是汉语。从古印度向北传入中国,再由中国传入朝鲜、日本、越南等国家。大乘佛教认为自己的教法是广度众生的大舟,而以往的其他所有佛教宗派只能满足于自我解脱。

礼仪常识

汉传佛教主要有8个大乘宗派流传较广,影响较大。八大宗派包括三论宗、天台宗、法相宗(唯识宗、慈恩宗)、华严宗、净土宗、律宗、密宗、禅宗。

学习案例 2-12

广东佛山某家具出口企业外销经理B有一个日本客户,该客户信奉佛教。请问这个客户信仰的佛教属于佛教的哪个派别? 为什么?

（2）小乘佛教

小乘佛教也称上座部佛教或巴利语系佛教,其经典主要是巴利语。佛教从古印度向南传入了斯里兰卡、缅甸、泰国、老挝、柬埔寨等南亚、东南亚国家,以及我国云南傣族等少数民族地区,形成了小乘佛教系统。小乘佛教在教义和实践上较多地保留了早期佛教的特点。

礼仪常识

在理论上,小乘佛教主张"我空法有",即否认实有的我体,但不否认客观物质世界的存在。对佛陀,小乘佛教认为佛陀是历史性人物,他所达到的解脱境界,是一般世俗之人所不能达到的。小乘佛教主张通过自己的修行来得到解脱,重视修行次序和修行效果,强调修习戒、定、慧三学和八正道方法,要求独善其身,先利己,后利他人。小乘佛教崇拜佛牙、佛塔、菩提树等释迦牟尼的纪念物。一些国家的男子都要遵俗在少年时期当一次和尚,3~7年后还俗,没当过和尚的男子的社会地位较低。

学习案例2-13

广东佛山某家具出口企业外销经理 B 有一个缅甸客户,该客户信奉佛教。请问这个客户信仰的佛教属于佛教的哪个派别? 为什么?

（3）藏传佛教

藏传佛教也称藏语系佛教,其经典主要是藏语。它主要是由印度密乘佛教与藏区本教融合而形成的具有西藏地方色彩的佛教。它流传于中国的藏、蒙、裕固、纳西等民族地区,以及不丹、锡金、尼泊尔、蒙古和俄罗斯的布里亚特等国家和地区。近年在欧美地区也流传很广。

学习案例2-14

广东佛山某家具出口企业外销经理 B 有一个尼泊尔客户,该客户信奉佛教。请问这个客户信仰的佛教属于佛教的哪个派别? 为什么?

礼仪常识

现今的藏传佛教以宁玛(因该派僧人穿戴红色袈裟、僧裙、僧帽,俗称红教)、萨迦(因该派寺院围墙涂有象征文殊、观音和金刚手菩萨的红白黑三色花纹,俗称花教)、噶举(因该派僧人穿白色僧裙和上衣,俗称白教)、格鲁(因该派僧人戴黄色桃形僧帽,俗称黄教)四派为主。藏传佛教的传承方式既有师徒传承方式,如宁玛派、噶举派、噶当派,也有家族传承方式,如萨迦派,但最具特色的还是活佛转世制度。格鲁派成为藏区执掌政权的教派,形成了达赖和班禅两大活佛转世系统。

2. 佛教教义

"四谛"是佛教各派共同承认的基础教义。所谓"谛",是指"真理"。"四谛"也称"四圣谛",即苦、集、灭、道。苦、集二谛说明人生的本质及其形成的原因;灭、道二谛指明人生的归宿和解脱之路。

（1）苦谛

苦谛是把社会人生判定为"苦",全无幸福欢乐可言。人生有"生""老""病""死"等多种苦(佛典有四苦、五苦、八苦、九苦等多种分类法),还有108种烦恼。

（2）集谛

集谛是对造成痛苦与烦恼原因的分析,大体可概括为"五阴聚合说""十二因缘说""业报轮回说"。

（3）灭谛

灭谛提出了佛教出世间的最高理想——涅槃。"涅槃"是梵文的音译,意译作"灭度""圆寂"等。涅槃的根本特点是达到熄灭一切"烦恼"、超越时空、超越生死轮回的境界。

（4）道谛

道谛即解脱之路、通向涅槃之路,被总结为"八正道",从身、口、意3个方面规范佛教徒的日常思想行为,又被归纳为戒、定、慧"三学"。但由于后世佛教世俗化的结果,佛教徒大都倾向用简便的方法寻求解脱(如禅宗、净土宗)。

"诸法无我""诸行无常"及"涅槃寂静"被称为"三法印"(即佛法之特征)。当代中国佛教界将佛教的宗旨归纳为"诸恶莫作,众善奉行,庄严国土,利乐有情"。

三、佛教禁忌与主要节日

1. 佛教禁忌

佛教的戒(禁忌)有两个方面:一方面是针对僧人和僧团的;另一方面是针对在家修行者的。佛教最基本的戒律是"五戒十善"。五戒,就是杀生戒、偷盗戒、邪淫戒、妄语戒、饮酒戒。十善实际上是五戒的分化和细化,分为身、语、意三业的禁忌,其内容包括身体行为的善(禁忌)——不杀生、不偷盗、不邪淫;语言方面的善(禁忌)——不妄语、不两舌、不恶口、不绮语;意识方面的善(禁忌)——不贪欲、不嗔恚、不邪见。

（1）饮食方面的禁忌

佛教规定出家人(虔诚的佛教教徒)饮食方面的禁忌很多,其中素食是最基本、最重要的一条。素食的概念包括不吃"荤"和"腥"。"荤"是指有恶臭和异味的蔬菜,如大蒜、大葱、韭菜等;"腥",是指肉食,即各种动物的肉,甚至蛋类。不过素食的范围也比较广,如辣椒、生姜、胡椒、五香、八角、香椿、茴香、桂皮、芫荽、芹菜、香菇类等都可食用。豆制品、牛奶和乳制品,如奶酪、生酥等也都不在禁止之列。此外,佛教还要求僧人不饮酒、不吸烟。不饮酒也包括不饮一切能麻醉人的饮料。麻醉神经与分泌系统的各种"毒品"更在禁忌之列。不吃零食也是佛教对僧人的要求。因此,同出家人共处时,不宜向僧人敬烟;同桌就餐时,不宜将素菜荤称,不宜对僧人敬酒、劝酒,或者劝吃肉,也不宜提议同僧人干杯(茶、饮料等)。

学习案例 2-15

广东佛山某家具出口企业外销经理 B 宴请东南亚客户,该客户是虔诚的佛教徒。请问外销经理 B 在点菜时要注意哪些? 为什么?

（2）个人生活方面的禁忌

佛教要求僧人不结婚,不蓄私财。佛教认为出家僧众担负着住持佛法、续佛慧命的重大责任和终身事业,因此必须独身出家才能成就,积蓄私财是违背出家本意的。除此以外,个人生活禁忌还包括不自歌舞,不观听歌舞,不坐卧高级豪华床位,不接受金银象马等财宝,不做买卖,不看相算命等。因此,与僧人交往时不宜问是否已经结婚之类的话,不宜邀请僧人唱歌、跳舞或参加其他不符合佛教清规戒律的娱乐活动。

（3）忌在凶日行事

僧人在举行宗教活动时,非常注意日期的择定,忌在被认为的凶日进行。例如,在选择修斋日时,对于在家的居士,佛教只要求在每月一定的日子里实行一种克制的生活,即不涂香装饰,不观听歌舞剧,不坐卧高广床座等。持斋的日子一般是阴历朔日、初八、十四、望日、二十三、二十九日。

学习案例 2－16

广东佛山某家具出口企业外销经理 B 与韩国某客户达成出口交易,该客户是虔诚的佛教徒,要求某月某日签订合同。请问我方是否同意？为什么？

2. 佛教主要节日

（1）佛诞节

佛诞节是纪念释迦牟尼诞生的节日。届时佛寺要举行诵经法会,并根据"佛生时龙喷香雨浴佛身"的传说,以香水灌洗佛像,祭拜佛祖,施舍僧众,同时举行龙舟竞赛或相互泼水祝福活动。各地日期不同,汉族为农历四月初八,藏族为农历四月初八至十五,傣族为清明节后 10 日。

（2）成道节

成道节是纪念释迦牟尼成道的日子,时间是农历十二月初八。

（3）涅槃节

涅槃节是纪念释迦牟尼逝世的日子。由于大乘佛教、小乘佛教对释迦牟尼生卒年月说法不同,节日时间也不同。中国、朝鲜、日本一般定于农历二月十五。

四、佛教客人应对常用英文

佛教	Buddhism
汉语系佛教	Chinese Language Buddhism
藏语系佛教	Tibetan Language Buddhism
巴利语系佛教	Pali Language Buddhism
释迦牟尼佛	Shakya Muni Buddha
法师	master/venerable
菩萨	bodhisattva
罗汉	arhan
僧人	monk
尼姑	nun
素食	vegetarian diet

学习案例2-17

1. 佛教是世界几大宗教之一。

Buddhism is one of the great world religions.

2. 释迦牟尼佛创设了佛教。

The Buddhism religion was founded by Shakya Muni.

3. 我出生在佛教家庭。

I was born in a Buddhism family.

4. 这些食物都是素食的,请享用。

All of these foods are vegetarian diet,please enjoy yourself.

综合实训

一、实训目的

1. 通过实训,理解并掌握伊斯兰教、基督教、佛教三大宗教经典、信奉对象与标记、派别、教义、禁忌和主要节日。

2. 通过实训,正确完成宗教礼仪操作,从容得体应对客户。

二、实训内容

围绕三大宗教,通过实训,全面掌握有关三大宗教的教义、禁忌等相关知识,并具备扎实的理论基础与职业能力。根据认知规律,实训分为基础理论知识部分与实践技能操作部分。

基础理论知识

一、模块核心概念

1. 伊斯兰教

2. 基督教

3. 佛教

4. 穆斯林

5.《古兰经》

6.《圣经》

7.《大藏经》

习题自测

二、单项选择题

1. 伊斯兰教的信奉对象是(　　)。

    A. 安拉

    B. 穆罕默德

    C. 耶稣

    D. 乔达摩·悉达多

2. 伊斯兰教的标记为(　　　)。

    A. "卐"

    B. 法轮

    C. 新月

    D. 十字架

3. 伊斯兰教的经典为(　　　)。

    A.《圣经》

    B.《大藏经》

    C.《三藏经》

    D.《古兰经》

4. 世界穆斯林最隆重的节日是(　　　)。

    A. 圣诞节

    B. 宰牲节

    C. 开斋节

    D. 圣纪节

5. 基督教的标记为(　　　)。

    A. "卐"

    B. 法轮

    C. 新月

    D. 十字架

6. 纪念耶稣复活的节日是(　　　)。

    A. 圣诞节

    B. 涅槃节

    C. 圣纪节

    D. 复活节

7. 佛教教义中提出了佛教出世间的最高理想——涅槃,属于(　　　)。

    A. 苦谛

    B. 集谛

    C. 灭谛

    D. 道谛

8. 俄罗斯、希腊属于信仰(　　　)的国家。

    A. 伊斯兰教

    B. 佛教

    C. 天主教

    D. 东正教

9. (　　　)是伊斯兰教对占有一定财力的穆斯林规定的一种功修。

    A. 念功

    B. 礼功

C. 课功

D. 朝功

10. (　　　)认为自己的教法是广度众生的大舟,而以往的其他所有宗派只能满足于自我解脱。

A. 大乘佛教

B. 小乘佛教

C. 上座部佛教

D. 藏传佛教

三、多项选择题

1. 伊斯兰教的六大信仰是(　　　　　)。

A. 信安拉

B. 信创世

C. 信天使

D. 信末世

E. 信使者

F. 信经典

G. 信后世

H. 信前定

2. 基督教教义中三位一体论的"三位"是指(　　　　　)。

A. 圣父

B. 圣母

C. 圣子

D. 圣灵

3. 基督教的禁忌有(　　　　　)。

A. 不主张离婚

B. 禁止看相、算命

C. 可以食用动物血制品

D. 大部分教徒反对吸烟

4. 佛教主要节日有(　　　　　)。

A. 圣纪节

B. 成道节

C. 复活节

D. 佛诞节

E. 涅槃节

5. 伊斯兰教禁忌有(　　　　　)。

A. 饮食极注重洁净,不食自死动物、血液、猪肉,禁食非诵安拉之命而宰杀的动物

B. 不可以饮酒,不可以从事与酒有关的营生,不可以出席提供酒水的宴席

C. 禁止妇女显露美姿和妆饰,须戴面纱、盖头

D. 禁止用右手处理污秽的事物,握手、敬茶、端饭均用右手

E. 伊斯兰教反对独身主义,主张男大当婚女大当嫁

四、判断题

1. 伊斯兰教信奉对象是穆罕默德,也称为真主。穆罕默德是伊斯兰教信奉的独一无二的主宰,创造宇宙万物,主宰世界一切,无所不在,永恒唯一。　　　　　　　　（　）

2. 念功是穆斯林信仰的确认,即念清真言。"万物非主,唯有真主,穆罕默德是安拉的使者",这是信仰的表白。当众表白一次,名义上就是一名穆斯林了。　　　　（　）

3. 朝功是指穆斯林复命归真,即穆斯林在规定的时间内,前往麦地那履行的一系列功课活动的总称。教历每年的 12 月 8—10 日为法定的朝觐日期(即正朝)。在此时间外去瞻仰麦地那天房称为"欧姆尔"(即"副朝")。所谓"朝觐",一般是指"正朝"。　　（　）

4. 开斋节也称为古尔邦节,宰牲节在开斋节后 70 天举行,即希吉来历的 12 月 10 日。穆斯林每逢此节日举行会礼,互相拜会。宰牲节是我国穆斯林的最大节日。　（　）

5. 基督新教教徒将其所信奉之神称为"上帝",反对罗马教皇的绝对权威,不接受教皇支配,不承认天主教的某些教义。强调《圣经》的绝对性,鼓励自由解经。　　（　）

6. 原罪论是指基督教认为人类既有原罪,又无法自救,上帝圣父差其独生子耶稣降世为人,接受死亡,流出宝血以救赎信徒的罪。　　　　　　　　　　　　（　）

7. 复活节是纪念耶稣复活的节日。据《圣经·新约全书》记载,耶稣受难被钉死在十字架上后第三天复活。庆祝活动的具体内容各地不一,最流行的是吃复活节蛋,以象征复活和生命。　　　　　　　　　　　　　　　　　　　　　　　　　　（　）

8. 斯里兰卡、缅甸、泰国、老挝、柬埔寨等南亚、东南亚国家的佛教徒信仰的是大乘佛教。　　　　　　　　　　　　　　　　　　　　　　　　　　　　　　（　）

9. 佛教教义苦谛提出了佛教出世间的最高理想——涅槃。"涅槃"是梵文的音译,意译作"灭度""圆寂"等。涅槃的根本特点是达到熄灭一切"烦恼"、超越时空、超越生死轮回的境界。　　　　　　　　　　　　　　　　　　　　　　　　　　　（　）

10. 佛教要求僧人不结婚,不蓄私财。佛教认为出家僧众担负着住持佛法、续佛慧命的重大责任和终身事业,因此必须独身出家才能成就,积蓄私财是违背出家本意的。　（　）

五、案例分析

1. 深圳某出口企业外销女业务员小 B 接待来访的沙特客户 W 先生,W 先生是一名虔诚的穆斯林,小 B 衣着暴露、性感。

请问:小 B 的行为是否恰当? 为什么?

2. 广州某出口企业外销业务员小 C 接待来访的美国贸易代表团,代表团成员是虔诚的基督教徒。小 C 把晚宴安排在星期五,代表团成员总共 13 人。

请问:小 C 的安排是否恰当? 为什么?

实践技能操作

一、伊斯兰教客户应对、基督教客户应对、佛教客户应对中英文认知

1. 将英文单词、词组译成中文

(1) Islam

(2) mosque

(3) Muslim

(4) halal

(5) Ramadan

(6) Christianity

(7) Bible

(8) Christmas

(9) Christmas Eve

(10) Buddhism

(11) vegetarian diet

2. 将中文句子译成英文

(1) 这些菜肴都是清真的,请享用。

(2) 我们知道基督教徒信仰耶稣。

(3) 我出生在佛教家庭,每天食用素食。

二、审核以下案例,指出其中的错误,并改正

1. 广州和鑫工贸有限公司(Guangzhou Hexin Industrial and Trade Co., Ltd.)的王伟经理接待来访的巴基斯坦 CAENIAT AL SCEHRA TRADING CO. 的 Mohammad 先生。Mohammad 先生是一位虔诚的穆斯林。在与客人见面谈判期间,王伟经理左手与客人握手并敬茶;客人多次暗示需要给他 5 分钟独处的时间,王经理却一直滔滔不绝地讲话;中午安排客人午餐,点了丰盛的菜肴,其中一道菜名为“蟹粉狮子头”,并提议饮用红酒。

请问:在谈判接待工作中,王伟经理有哪些行为举止不符合伊斯兰教教义的规定? 为什么? 如何改正?

2. 上海金雕贸易有限公司(Shanghai Golden Eagle Trading Co., Ltd.)的李伟经理接待来访的美国 UANREST REFT CO. 的以 Tony 先生为领队的贸易代表团,该贸易代表团成员为虔诚的基督教徒。在客人停留上海期间,李伟经理安排星期天业务谈判,星期五聚餐,参加人员共 13 人。聚餐时李伟经理点了丰盛的菜肴,其中一道菜名为“毛血旺”。

请问:在谈判接待工作中,李伟经理有哪些行为举止不符合基督教教义的规定? 为什么? 如何改正?

模块三

迎接礼仪操作

典型工作任务	1. 机场接机 2. 酒店入住
主要学习目标	1. 掌握机场接机前的准备工作、机场接机注意事项、接机欢迎词 2. 掌握酒店的选择、酒店入住流程、酒店入住特殊情况处理
基础理论知识	1. 白金法则 2. 黄金法则
工作操作技能	能够正确地完成迎接礼仪操作，从容得体应对客户

典型工作任务一　机场接机

工作困惑

作为一名外销业务人员，需要经常前往机场接待来自国外的客户。机场接机前的准备工作有哪些？机场接机的注意事项有哪些？接机欢迎词包括哪些内容？

工作认知

一、机场接机前的准备工作

机场接机是指我方外销业务人员根据客户的行程前往机场欢迎客户，并将客户和行李送往入住酒店。机场接机是外销业务人员的基本工作之一，要做到不漏接、错接。

1. 了解客人信息

为做好接待的准备工作，首先应从了解客户的基本情况入手，以便做好工作的下一步安排。需要了解的信息有：来客的姓名、年龄、职务；来访的目的、任务；需要提供什么帮助；乘坐航班预计达时间等。通过了解客户来访的目的和任务，以便有的放矢地做好会谈准备;通过了解来客的人数、性别和是否有夫妇同行等具体情况,以便安排交通工具和住宿,防止准备不足而造成接待不周;通过对客户的职务和级别的了解,以便确定接待的规格。

学习案例3-1

广州某出口企业外销业务员小A计划接待来华访问的阿联酋客户Mohammad先生。请问小A应该具体了解客户的哪些信息?

2. 确定接待规格

所谓接待规格,就是接待的隆重程度和迎接人员的身份安排。确定接待规格,就是确定接待工作的具体标准,主要依据来客的身份和来访目的,同时还应考虑双方的贸易合作关系,体现对来宾的重视程度。

3. 落实接待车辆

根据客户的来访人数,具体明确使用车辆,一般尽量安排机动性能较好、使用年限较短的新车,以体现对客户的尊重。

礼仪常识

我方外销业务人员应该根据来访客户与我方机场接机的人数确定使用车辆。一般小轿车载客人数不超过5人(含司机),小型客车载客人数不超过9人(含9人),中型客车的载客人数是10~19人(含19人),大型客车的载客人数在20人以上。另外也要注意客户行李的数量。

学习案例3-2

广东佛山某家具出口企业外销经理B计划于2014年8月26日前往广州白云机场接待美国客户,美国客户一共5人。请问外销经理B应该安排何种车辆接待客户?为什么?

4. 联系客户入住酒店

在客户委托我方订房,或者我方客房买单的情况下,应该与酒店最后确认客房预订情况,并通知酒店做好接待准备工作。

二、机场接机注意事项

我方外销业务人员机场接机有以下注意事项。

1. 接机时间

接机人员到机场去迎接客户,应提前到达,最好提前1小时到达机场,恭候客户到来,绝不能迟到让客户久等。如果客户刚下飞机就能看到有人等候,一定会感到万分愉快。如果是第一次来到这个城市,更能因此而获得安全感。如果接机去迟,会让客户立即陷于失望和焦虑不安之中,还会因等待而产生不快,无论事后怎样解释,都无法消除这种失职和不守信誉而造成的不良印象。

礼仪常识

　　我方外销业务人员到达机场时,首先要查看航班信息显示牌。显示牌动态地显示出港航班与到港航班的具体信息。到港航班信息包括航班号、到达时间、是否延误等,有助于我方接机人员做好接机准备。

2. 接机标识

　　如果接待人员与客户素未谋面,一定要事先了解客户的外貌特征,如果有可能要搜索客户的照片,牢记其特征。可以想象,如果首次见面就能一眼辨认出客户,并能准确地喊出姓名,客户将感到一种莫大的重视与尊重。

👀 **礼仪常识**

接机标识是在接机时使用的小牌子。小牌子上尽量不要用白纸写黑字;不要写"××先生(小姐)到此来",而应写"××先生(小姐),欢迎您!"。字迹力求端正,大而清晰,不要用草书写。一个好的迎宾标识,既便于找到客户,又会给客户留下美好的印象。客户迎面向你走来时会有某种自豪感。

3. 问候

接到客户后,切勿一言不发,漠然视之。相互间的问候是使人际关系融洽的润滑剂,可以打开对方的心扉,能够传达自己的心声。我方接机人员应该主动问候客户,如"一路辛苦了""欢迎您来到我们这个美丽的城市""欢迎您来到我们公司"等。

✏️ **学习案例 3-3**

广州某出口企业外销业务员小A计划接待首次来华访问的阿联酋客户Mohammad先生。请问小A应该注意哪些接机事项?

三、接机欢迎词

1. 自我介绍

介绍是人与人之间进行相互沟通的出发点,最突出的作用就是缩短人与人之间的距离。自我介绍是指主动向他人介绍自己,或是应他人的要求而对自己的情况进行一定程度的介绍。进行自我介绍时,要掌握好自我介绍的艺术,必须注意以下几个方面。

(1)时间力求简短

介绍时,一定要掌握好时间,介绍的时间不宜过长,一般以半分钟为佳,最多不要超过1分钟。为了节省时间,在做自我介绍时,还可以利用名片、介绍信加以辅助。

(2)内容真实、完整

自我介绍的内容包含4个要素:单位、部门、职务、姓名。机场接机场合的自我介绍要一气呵成,本人的姓名、工作单位、所在部门、具体职务要介绍全面;要实事求是,不可自吹自擂、夸大其词。

(3)态度诚恳、自然

进行自我介绍时,态度一定要自然、友善、亲切、随和,应落落大方、彬彬有礼,既不能唯唯诺诺,又不能虚张声势、轻浮夸张、矫揉造作。

2. 他人介绍

他人介绍通常是指由某人为彼此不认识的双方互相介绍和引见的一种认识方式。正式活动中对介绍人比较重视。在涉外活动中,一般由东道主的礼宾人员担任介绍人,也可以由双方各自的礼宾人员分别介绍本方人员。在多方参加的活动中,应由各方负责人进行介绍。

在社交场合按国际礼仪应由女主人担任介绍。当我们在机场迎接时,人数不多,交往关系简单,属于非正式场合,不必太拘泥于礼节。同时,在介绍时要注意介绍顺序。

礼仪常识

为他人做介绍时,必须遵守"尊者优先"的规则。一般先介绍身份低、年纪轻的一方,后介绍身份高、年龄大的一方,如"金总,您好!这是刘经理";先介绍男士后介绍女士,如"您好,这位是金先生";先介绍职务低的,后介绍职务高的,如"这位是张老师,这位是吴主任";多人介绍时,要先介绍最高领导,依次介绍,如"您好,这位是我们公司的李总,这位是市场总监张总";介绍来宾与主人认识时,出于尊敬对方的心意,应首先向客人介绍主人,再向主人介绍来宾,如"这位是我们公司的刘经理,这位是泰平公司的黄经理"。

3. 欢迎客户来访、行程安排等内容

在完成自我介绍与他人介绍,主客双方都互相认识之后,我方接机人员应该以东道主的身份对客人表示欢迎,同时应该简短地向客户展示行程安排,最后预祝客户来访成功,双方合作愉快。

学习案例 3-4

广东佛山某家具出口企业外销经理 B 计划于 2014 年 8 月 26 日前往广州白云机场迎接美国客户。请帮助外销经理 B 准备接机欢迎词。

四、接机特殊情况处理

在实际业务操作中会遇到以下特殊情况,需要外销业务人员灵活面对。

1. 车辆故障或者遇到交通意外

外销业务人员在遇到车辆故障或者交通意外时,必须首先向客人表示抱歉,然后迅速判断故障或者意外的严重程度。如果只是轻微程度,则向客人解释,耐心等待处理;如果是严重故障,则迅速调集其他车辆,按接待预案执行。

2. 未接到客人

如果外销业务人员在指定机场没有接到客人,则应该迅速向航空公司查询客人是否登机,如果客人出现误机的情况,则返回办公室再与客人联系。如果经过核实客人确已登机,则尽快与客人本人或者其同事联系,了解情况,同时与预订酒店取得联系,告之一旦客人出现在酒店,立即联系外销业务人员。

五、机场接机常用英文

降落　　　　　　　　　land

到达	arrival
国际机场	international airport
接机	pick up
迎宾处	greeting arriving
货币兑换	money exchange
入境	immigration
旅途	trip
行李	luggage
疲劳	tired
停车场	parking lot
行程安排	schedule

学习案例 3-5

1. 对不起,请问您是 Brown 先生吗? 是的,正是。

Excuse me! Are you Mr Brown? Yes,that's right.

2. 我是广州和鑫工贸有限公司的张明,我是来接您的。

I'm Zhang Ming,from Guangzhou Hexin Industrial and Trade Co,Ltd. I've come to meet you.

3. Brown 先生,欢迎来到广州。我们的王伟经理稍后会来酒店问候您。

Welcome to Guangzhou,Mr.Brown.Our manager Mr Wang Wei will come to greet you later at the hotel.

4. 您有几件行李? 让我帮您拿行李。

How many pieces of luggage do you have? Let me help you with your luggage.

5. 旅途如何? 很好,但是我有点累,因为飞行很长。

How was your trip? Very good,but I am a little tired,because it's a long trip.

6. 请在这儿等我,我去停车场开车。

Please wait for me here.I am going to the parking lot to drive my car.

典型工作任务二　　酒店入住

工作困惑

作为一名外销业务人员,需要陪同客户办理酒店入住手续,应该如何选择酒店? 酒店入住流程有哪些? 酒店入住后发生特殊情况应该如何处理?

工作认知

一、酒店的选择

客户来华访问,如果需要安排住宿,按照国际惯例,可以根据客户预算帮助客户预订酒店,一般是由客户买单,我方买单的情况除外。如果客户已经多次来华访问,对本地的酒店比较了解,希望自己选择酒店,只要按客户指定酒店预订房间即可。如果客户初次访问本地,人生地不熟,当客户提出需要帮助其预订酒店房间时,就要根据客户的要求,帮助客户选择合适的酒店。

1. 酒店应提供的服务

(1) 舒适的生活环境

① 卫生:要有独立的洗浴设施,随时能洗热水澡;欧美等发达国家客户习惯每天换衬衣,所以酒店要有洗衣服务项目。

② 食:西餐。虽然中国菜很好吃,但客户也许更习惯吃西餐。因此,饭店要有西餐厅或西餐厨师,并有咖啡厅、酒吧。如果外商信仰伊斯兰教,还应有清真餐厅。

③ 住:一人一个房间。欧美人习惯性地认为只有同性恋才会两个成年同性入住一个房间。

④ 行:有出租车服务。

(2) 方便的商务活动条件

① 房间内有国际长途电话服务(IDD)。

② 国际卫星电视(了解国际经济信息和观看娱乐节目)。

③ 商务中心(提供传真、扫描、复印、打印等服务)。

④ 宽带互联网接入服务。

⑤ 代售机票、车票服务。

（3）休闲、娱乐、健身活动设施等配套设施、设备

如果客户停留时间比较长,酒店最好还要配备一定的休闲、娱乐、健身设施。西方客户对于休闲设施的要求是酒店一般要有咖啡厅、酒吧等。日本客户一般还要求具有卡拉 OK 场所。健身设施设备方面最好拥有健身房、游泳池、桑拿浴室、网球场(馆)、台球室等。

2. 选择的标准

除了酒店能够提供上述服务,在选择时还要考虑以下因素。

① 服务质量水平较高,能做到热情、礼貌,服务周到、及时、符合规范。

② 环境治安好,安静优雅。

③ 交通便利,与我方公司所在地较近。

④ 所需经费要控制在客户或我方预算范围内。

学习案例3-6

广州某出口企业外销业务员小 A 计划接待美国客户 Smith 夫妇,Smith 夫妇均不抽烟,其中 Smith 太太患有神经衰弱,他们请求小 A 帮忙预订酒店。请问小 A 在预订酒店时应该向酒店提出哪些要求?

二、酒店的入住流程

商务人员为了确保旅行的顺利,保证外出活动效率,一般需要提前通过电话或网络等方式预订酒店。预订时,应按照酒店要求提供相关信息,如身份信息、入住的时间、住宿的天数、需要的房型等。一般酒店会按照客人预订的入住时间提前按照客人的需要安排房间,同时为客人保留一段时间,如果超过规定时间,酒店就会将房间提供给其他客人。因此,如果商务人员行程有变,提前或延期抵达,或因故取消预订,都应提前告知酒店,以免造成不必要的麻烦而影响行程。

1. 前台登记

前台登记是指在机场接到客户,与客户一同乘车到达预订的酒店后,到前台办理入住手续。在前台登记时,按照酒店工作人员的要求填写入住表,提供相应的证件(如护照等)、交付定金等,领取房间门卡。

礼仪常识

办理登记手续时,应礼貌有序。如果前面有正在办理登记的顾客,那就应该按顺序等候,并与其他客人保持一定的距离,不要贴得太近。如果是团体入住的话,应选派 1～2 人在前台办理入住手续,其余人员在大堂僻静处等候,不可拥堵在前台。

📝 学习案例 3-7

广东佛山某家具出口企业外销经理 B 陪同美国客户 Brown 夫妇入住佛山大酒店,外销经理 B 帮助 Brown 夫妇办理前台登记手续。请问前台登记有哪些手续?

2. 搭乘电梯

完成前台登记手续后,就可以陪同客户乘坐电梯前往房间。如果客户表示不需要我方陪同人员前往,我方陪同人员则可以在大堂等候。房间是客户的私人空间,我方陪同人员一般不应进入。

👀 礼仪常识

如果客户的行李较多,会有门童帮助客户将行李搬到行李车上并送至客房,应对门童的服务表示感谢。伴随客户来到电梯厅门前时,先按电梯按钮,等待梯厢到达厅门时打开。乘有专人值守的电梯时,应让客人先进先出;乘无人电梯时,应自己先进并用手按住"开门"按钮,另一手挡住电梯侧门,礼貌地说"请进",待客户安全进入电梯后再关门。

3. 介绍行程

在将客户送入房间安置好行李后,应该与客户沟通,介绍我方的行程安排。双方交谈地点最好选择在酒店大堂,同时应该询问客户对入住酒店的反馈意见。

考虑到客户一路旅途劳累,我方陪同人员不宜久留,让客户早些休息。分手时将下次联系的时间、地点、方式等信息告诉客户。

三、酒店入住特殊情况处理

在客户入住酒店后,可能会有以下特殊情况出现,需要我方陪同人员及时处理。

1. 酒店房间不符合客户要求

客户对酒店提供的房间可能会有较大意见,如房间面对马路、噪声太大、洗手间设备不能正常工作等。对于客户的意见和要求,我方陪同人员应第一时间处理,向酒店大堂反映,并要求更换房间。

2. 客户身体不适

一些客户年龄较大,水土不服,出现各种身体不适。我方陪同人员要及时关心问候客人,如果需要,应该陪同客户前往正规医院。同时询问客户是否需要调整行程安排。

📝 学习案例 3-8

广州某出口企业外销业务员小 A 陪同美国客户 Smith 夫妇入住中国大酒店,Smith先生表示感觉头晕。请问小 A 应该如何处理?

四、酒店入住常用英文

前台登记	check-in
预订	book
登记表	registration form
护照	passport
定金	deposit
双人房	double-bed room
单人房	single-bed room
套房	suite
总统房	president room
健康中心	health club
洗衣房	laundry room

学习案例 3-9

1. 我们两天前预订了两个单人房,想登记入住。

We made a reservation for two single-bed rooms two days ago, and want to check-in now.

2. 房间号码是2904,早餐时间从早上6点半到9点,洗衣房在三楼。

The room number is 2904, breakfast is served between 6:30 am to 9 am, and the laundry room is on the third floor.

3. 我们需要一间无烟双人房,需要唤醒服务,明早8点唤醒客人。

We'd like a non-smoking room, and need a wake-up call at 8 o'clock tomorrow morning.

4. 顺便说一下,您可能知道不能直接饮用自来水,您必须喝煮开的水或瓶装的水。

By the way, you probably know you can't drink the tap water, you must drink boiled water or bottled water.

5. 让我向你们展示我们做出的行程安排,你方对此行程有何意见?

Let me show you the schedule which we have made. How do you think about the schedule?

6. Brown 先生,你身体不适,是否需要去医院,我们可以推迟我们的业务洽谈。

Mr Brown, you are not very well. Do you need to go to the hospital? We can postpone our business negotiation.

综合实训

一、实训目的

1. 通过实训,理解并掌握机场接机前的准备工作、注意事项、接机欢迎词、酒店的选择、入住流程、特殊情况处理。

2. 通过实训,正确完成迎接礼仪操作,从容得体应对客户。

二、实训内容

围绕迎接礼仪,通过实训,全面掌握有关机场接机、酒店入住等相关知识,并具备扎实的理论基础与职业能力。根据认知规律,实训分为基础理论知识部分与实践技能操作部分。

基础理论知识

一、模块核心概念

1. 机场接机
2. 接待规格
3. 接机标识
4. 接机欢迎词
5. 他人介绍
6. 自我介绍
7. 前台登记

习题自测

二、单项选择题

1. 我方机场接机人员 2 名,客户 3 名,应该使用(　　　)接待。

　　A. 小轿车

　　B. 小型客车

　　C. 中型客车

　　D. 大型客车

2. 我方接机人员想了解客户航班的准确到港时间,应该从(　　　)获得有效信息。

　　A. 海关

　　B. 边检

　　C. 信息显示牌

　　D. 机场安检

3. 接待人员到机场去迎接客户,应提前到达,最好提前(　　　)到达机场,恭候客户的到来。

　　A. 5 分钟

　　B. 15 分钟

　　C. 30 分钟

　　D. 60 分钟

4. 广州某出口企业外销业务员小 A 受东南亚某客户的委托帮助客人预订酒店房间，客人预算 50 美元/晚，包早餐，房间提供上网服务。小 A 查询了 4 家酒店，甲酒店 380 元/晚，包早餐，房间提供上网服务；乙酒店 280 元/晚，不包早餐，房间提供上网服务；丙酒店 300 元/晚，包早餐，房间提供上网服务；丁酒店 270 元/晚，包早餐，房间不提供上网服务。每 1 美元 = 6.20 人民币。应该选择（　　）。

    A. 甲酒店

    B. 乙酒店

    C. 丙酒店

    D. 丁酒店

5. 广东佛山某家具出口企业外销经理 B 计划接待美国客户，受客户委托预订酒店房间，客户一共 7 人，4 男 3 女，其中一对为夫妇。应该预订（　　）个房间。

    A. 7

    B. 6

    C. 5

    D. 4

6. 客户酒店入住，我方陪同人员首先必须完成的工作是（　　）。

    A. 行李搬运

    B. 搭乘电梯

    C. 介绍行程

    D. 前台登记

7. 出入有人值守的电梯时，应遵守的一个基本规则是（　　）。

    A. 把选择方向的权利让给地位高的人或客户

    B. 谁靠近门谁先出

    C. 无所谓先后

    D. 以上都不对

8. 介绍他人时，不符合礼仪的先后顺序的是（　　）。

    A. 介绍长辈与晚辈认识时，应先介绍晚辈，后介绍长辈

    B. 介绍女士与男士认识时，应先介绍男士，后介绍女士

    C. 介绍已婚者与未婚者认识时，应先介绍职务高者，后介绍职务低者

    D. 介绍来宾与主人认识时，应先介绍主人，后介绍来宾

9. 我方外销业务人员在帮助客户选择酒店房间时，首要考虑的因素是（　　）。

    A. 房间朝向

    B. 房间大小

    C. 房间装修

    D. 房间价格

10. 机场接机过程中的自我介绍时间应该控制在（　　）内。

    A. 5 分钟

    B. 3 分钟

C. 2 分钟

D. 1 分钟

三、多项选择题

1. 机场接机前需要了解(　　　　)信息。

A. 客户的姓名、性别、年龄、职务

B. 客户的来访目的和任务

C. 是否有夫妇同行

D. 客户的人数

E. 乘坐航班预计到达时间

2. 有关接机欢迎词中自我介绍表述正确的是(　　　　)。

A. 自我介绍包含 4 个要素：单位、部门、职务、姓名

B. 自我介绍要实事求是，不可自吹自擂，夸大其词

C. 介绍时，为了把自己介绍清楚，可以不考虑时间

D. 进行自我介绍时，态度一定要自然、友善、亲切

3. 酒店选择的生活环境标准是(　　　　)。

A. 酒店要有洗衣服务项目

B. 要有独立的洗浴设施，随时能洗热水澡

C. 如果外商信仰伊斯兰教，应有清真餐厅

D. 饭店要有西餐厅或西餐厨师，并有咖啡厅、酒吧

E. 欧美客户两个成年同性可以安排入住一个房间

4. 客户酒店入住后，有(　　　　)特殊情况需要我方陪同人员关注与处理。

A. 房间面对马路，噪声太大

B. 不吸烟客人入住了可以吸烟房间

C. 洗手间设备不能正常工作

D. 客户年龄较大，水土不服，出现各种身体不适

5. 机场接机前的准备工作有(　　　　)。

A. 联系客户入住酒店

B. 了解客户信息

C. 落实接待车辆

D. 确定接待规格

四、判断题

1. 接机人员到机场去迎接客户，应提前到达，最好提前 10 分钟到达机场，恭候客户到来，绝不能迟到让客户久等。　　　　　　　　　　　　　　　　　　　　　　(　　)

2. 进行自我介绍时，一定要掌握好时间，介绍的时间不宜过长，一般以 2 分钟为佳，最长不要超过 5 分钟。　　　　　　　　　　　　　　　　　　　　　　　　　(　　)

3. 为他人做介绍时，必须遵守"尊者优先"的规则。　　　　　　　　　　　(　　)

4. 外商来华访问，如果需要安排住宿，根据国际惯例，我们可以帮助客户预订酒店，一般由我方买单。　　　　　　　　　　　　　　　　　　　　　　　　　　(　　)

5. 欧美客户认为两个成年同性可以安排入住同一个房间。（　　）

6. 预订酒店所需经费要控制在客户或我方预算范围内。（　　）

7. 在将客户送入房间安置好行李后,应该跟客户沟通,介绍我方的行程安排,双方交谈地点最好是在客户的房间,同时应询问客户对入住酒店的反馈意见。（　　）

8. 客户对酒店提供的房间可能会有较大意见,如房间面对马路、噪声太大,洗手间设备不能正常工作等。对于客户的意见,我方陪同人员应该与客户沟通,做好客户工作,适应酒店环境。（　　）

9. 在前台登记时,应该按照酒店工作人员的要求填写入住表,提供相应的证件（如护照等）,交付定金等,领取房间门卡。（　　）

10. 在完成自我介绍与他人介绍主客双方都互相认识之后,我方接机人员应该以东道主的身份表示欢迎,同时应该简短地向客户展示行程安排,最后预祝客户来访成功,双方合作愉快。（　　）

五、案例分析

1. 深圳某出口企业外销业务员小 H 计划到机场迎接来访的沙特客户 W 先生。W 先生首次来华访问,小 H 按时前往深圳宝安机场,但是由于航班中中东客人较多,小 H 一一辨认,问讯了多名乘客后,才找到 W 先生。

请问:小 H 在接机过程中遗漏了哪项工作?

2. 广州某出口企业外销经理 G 先生接待来访的美国客户 Smith 先生,在完成酒店入住手续后,Smith 先生表示头晕眼花。

请问:G 先生此时应如何应对?

实践技能操作

一、机场接机、酒店入住中英文认知

1. 将英文单词、词组译成中文

（1）pick up

（2）money exchange

（3）schedule

（4）luggage

（5）land

（6）check-in

（7）registration form

（8）double-bed room

（9）passport

（10）deposit

（11）laundry room

（12）single-bed room

2. 将中文句子译成英文

（1）我是上海飞天贸易公司的李华,我是来接您的。

（2）我们需要两间无烟单人房，需要唤醒服务，明早 9 点唤醒客人。

（3）Smith 先生，你身体不适，是否需要去医院，我们可以推迟一天我们的业务洽谈。

二、审核以下案例，指出其中错误，并改正

1. 广州和鑫工贸有限公司（Guangzhou Hexin Industrial and Trade Co., Ltd.）的王伟经理到机场迎接巴基斯坦 CAENIAT AL SCEHRA TRADING CO. 的 Mohammad 先生与同事 4 人。Mohammad 先生首次访问中国，航班预订 12:30 降落广州白云机场。王伟经理与助手于 12:30 到达机场，由于航班中来自巴基斯坦的乘客较多，王伟经理花费了一番工夫才找到了 Mohammad 先生和他的同事。在致欢迎词时，王伟经理没有把自己的助手介绍给 Mohammad 先生和他的同事。由于客人和行李较多，王伟经理吩咐他的助手机场临时租车。

请问：王伟经理在机场接机环节中，有哪些行为不当？为什么？应该如何改正？

2. 上海金雕贸易有限公司（Shanghai Golden Eagle Trading Co., Ltd.）的李伟经理接待美国 UANREST REFT CO. 的以 Tony 先生为领队的贸易代表团。贸易代表团四男三女，其中夫妇 2 对。李伟经理预订了 3 间双人房，2 间单人房，每间房费超出客人预算20 美元，5 间房间均为吸烟房间。其中，1 间双人房的噪声很大，客人不满意，李伟经理表示房间已满，要求客人克服。李伟经理进入 Tony 先生房间与他商谈访问行程。

请问：李伟经理在酒店入住环节中有哪些行为不当？为什么？应该如何改正？

模块四

餐饮礼仪操作

典型工作任务	1. 中餐宴会应对 2. 西餐宴会应对 3. 酒会应对
主要学习目标	1. 掌握中餐宴会前的准备工作、中餐宴会中的注意事项 2. 掌握西餐宴会前的准备工作、西餐宴会中的注意事项 3. 掌握酒会前的准备工作、酒会中的注意事项
基础理论知识	1. 白金法则 2. 黄金法则
工作操作技能	能够正确地完成餐饮礼仪操作,从容得体应对客户

典型工作任务一　中餐宴会应对

工作困惑

作为一名外销业务人员如何应对中餐宴会？中餐宴会前的准备工作有哪些？中餐宴会中有哪些注意事项？

工作认知

"民以食为天",在我国,请客吃饭是业务洽谈的重要组成部分,体现了生意合作双方的合作诚意。一些在谈判桌上无法签订的协议在餐桌上双方或许就能轻松达成一致。中餐宴会是以品尝中国菜肴、领略中华文化和民俗为目的,增进双方友谊,促进生意达成的聚会。

一、中餐宴会前的准备工作

1. 中餐宴会地点的选择

（1）星级酒店中的餐厅

星级酒店提供住宿、娱乐、休闲等多种服务，餐饮服务只是其中的一个项目。尤其是一些五星级酒店的中餐厅装修得富丽堂皇，服务细致入微，餐饮收费较高。星级越高，菜价越贵，更多地是体现身份与品位。

礼仪常识

某些中餐厅——夏宫，装修风格秉承中式辉煌宏大的传统气势，结合温暖金色色彩主题，呈现出喜迎宾客的优雅氛围，整体风格色彩明快、现代、时尚。夏宫共有6个雅间包房和一个半独立包房，可容纳更多嘉宾。雅间包房独立入口设计巧妙，客人可以从大厅直接进入。室内安装平面液晶电视、玲珑别透的水晶灯，营造愉悦温馨的用餐环境。最大的雅间包房内更设有独立优雅的盥洗室。

（2）老字号饭店

老字号是数百年商业和手工业竞争中留下的极品。老字号饭店是经过数十年甚至上百年的经营，在菜肴特色方面在消费者中获得了良好口碑的饭店。全国各城市都拥有本地区甚至全国闻名的老字号饭店。老字号饭店往往在某一道或几道菜肴上具有独特风味。在老字号饭店就餐的同时往往可以品味历史。

礼仪常识

北京某知名烤鸭店制作的烤鸭在20世纪80年代就曾荣获商业部优质产品"金鼎奖"。美国前总统尼克松、日本首相田中角荣等许多国家和政府首脑，都在该店品尝过烤鸭美味。

学习案例 4-1

广州某出口企业外销业务员小A根据公司安排准备宴请美国客户Peter先生一行，Peter先生对中华文化非常感兴趣。请问小A应该将中餐宴会设置在哪儿？为什么？

2. 中餐宴会的出席人数

我方陪同人员要确定宴会出席人数，客户人数加上我方陪同人员，关键在于确定我方陪同人员人数。如果客户为一至二人，我方陪同人员一般为三至四人；如果客户人数较多，我方也应该相应增加陪同人员，尽量做到1:1。同时我方陪同人员在预订餐桌要注意，一般餐桌可以坐10~12人。

3. 中餐宴会的菜肴选择

中餐宴会的菜肴需要我方陪同人员提前确定,菜肴的选择要注意以下几个方面。

(1)客户的宗教信仰

世界三大宗教规范了教徒的餐饮宜忌,要求我方陪同人员提前获悉客户的宗教信仰。

(2)客户的饮食爱好与禁忌

在与客户洽谈业务时,应该提前了解客户在饮食方面的喜好与禁忌,以便在确定菜肴时考虑或回避。

(3)中西方饮食的偏差

一般来讲,中国人认为鱼翅等食品是高贵菜肴,而在西方客人眼中,品尝鱼翅汤是一件残忍的事情,他们会拒绝食用。中国人认为鸡肉是高档食品,而在西方客人眼中,鸡肉是廉价食品。中国人喜欢食用猪肉,而西方客人则比较喜欢食用牛肉。

(4)客户对中餐菜肴的理解

海外客人,尤其是西方客人对中餐菜肴的理解还停留在"鱼香肉丝""宫保肉丁"等中国传统名菜的认识上。

👀 礼仪常识

中国是一个餐饮文化大国。长期以来在某一地区由于地理环境、气候物产、文化传统,以及民族习俗等因素的影响,形成了有一定亲缘承袭关系、菜点风味相近、知名度较高,并为部分群众所喜爱的地方风味著名流派,称作菜系。其中,粤菜、鲁菜、川菜、苏菜、湘菜、闽菜、浙菜和徽菜享称"八大菜系",加上京菜和鄂菜,即为"十大菜系"。

👀 礼仪常识

中餐宴会应该如何点菜?一是看人员组成。一般来说,人均一菜是比较通用的规则。如果是男士较多的餐会可适当加量。二是看菜肴组合。一般来说,一桌菜最好是有荤有素,有冷有热,尽量做到全面。如果桌上男士多,可多点些荤菜,如果女士较多,则可多点几道清淡的青菜。三是看宴请的重要程度。若是普通的商务宴请,平均一道菜在50元到80元之间可以接受。如果宴请的对象是比较重要的人物,那么就要点上几道够分量的菜,如火腿、刀鱼、香菇等,再上规格一点,则是海虾、海参等。

学习案例 4-2

广东佛山某家具出口企业外销经理 B 宴请英国客人 John 夫妇,John 夫妇非常喜欢中国菜,而且喜欢品尝偏辣的菜肴。请问外销经理 B 应该选择哪些菜系?为什么?

二、中餐宴会中的注意事项

1. 中餐宴会座位安排

中餐宴会一般采用圆桌,每张餐桌上的位次有主次尊卑之分。宴会的主人应坐在主座上,面对正门就座,同一张桌上位次的尊卑根据距离主人的远近而定,以近为上,以远为下,以右为尊,以左为卑。

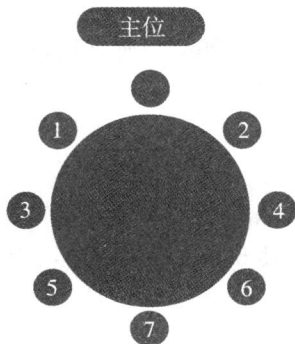

2. 中餐宴会酒水安排

在宴会开始前,提前征求客户对于饮用酒水的意见。有一些客户不喝酒精性饮料,我方陪同人员可以安排果汁等非酒精性饮料;有一些客户喜欢品味中国特色的酒精性饮料,如中国特色白酒、葡萄酒、啤酒等,我方陪同人员可以与餐厅提前协商,自行携带酒水。

礼仪常识

贵州茅台酒被称为中国的"国酒",产于我国西南贵州省仁怀市茅台镇,与英国苏格兰威士忌和法国柯涅克白兰地并称为"世界三大名酒"。五粮液是中国高档白酒之一,为大曲浓香型白酒,产于四川宜宾市,由小麦、大米、玉米、高粱、糯米 5 种粮食发酵酿制而成,在中国浓香型白酒中独树一帜。

3. 中餐宴会气氛营造

为了营造良好的就餐气氛,应该在宴会正式开始前,由我方陪同人员中地位最高者致宴会祝酒词。祝酒词是有关欢迎客人来访,为了增进双方的友谊、拓展双方的业务特举办此次宴会,希望客户能够品味中国菜肴的美味,能够用餐尽兴等内容的祝福话语。我方陪同人员应该适度敬酒,同时向客户介绍每一道菜肴的原材料、做法、食法等,激发客户的品食欲望。

4. 中餐宴会特殊情况应对

（1）客户对某道菜不感兴趣或厌恶

如果客户对某道菜肴不感兴趣，我方不宜向客户推荐食用；如果客户厌恶某道菜肴，则可以要求服务员撤换。

（2）客户过度饮用酒精性饮料

如果我方陪同人员发现客户饮酒过度，应该委婉建议客户停止饮酒，同时安排一些醒酒饮料，并密切注意客人的身体反应。

（3）客户对未点的某些菜肴感兴趣

如果客户对于宴会菜肴中没有安排的菜肴感兴趣，可以根据客户的兴趣大小，考虑是否加点该道菜肴，以满足客户的食用欲望。

学习案例4-3

广州某出口企业外销业务员小A根据公司安排宴请美国客人Peter先生一行，Peter先生非常喜欢五粮液，主客双方一共5人饮完1瓶后，Peter先生仍意犹未尽。请问小A应该如何应对？为什么？

三、中餐宴会应对常用英文

正餐	dinner
早餐	breakfast
午餐	lunch
中餐馆	Chinese restaurant
菜单	menu
筷子	chopsticks
辣的	spicy
清淡的	clear and light
苦的	bitter
酥脆的	crisp
可口的	tasty
鲜嫩的	tender
酸甜的	sweet and sour
咸味的	salty
绿茶	green tea
红茶	black tea

学习案例4-4

1. 北京烤鸭是这个餐厅的特色菜。

Beijing roast duck is the most famous special dish in this restaurant.

2. 宫保鸡丁味道真美!

Spicy diced chichen with peanuts is so tasty!

3. 一般说来,粤菜比较清淡而川菜味重而辣。至于京菜,则比较咸,香料放得多。

Generally speaking, Canton food is light and clear while Sichuan food has a strong and hot taste. As for Beijing food, it is usually salty and spicy.

4. 上海菜注重活鱼等海鲜,常用的烹调方法有红烧、清蒸、生炒、油焖、火烤等,其主要特点是油多、味浓、糖重、色深。

Shanghai food features fresh fish and sea food dishes. The main cooking methods are: stewing with soy sauce, steaming, quick saute, braising, roasting, etc. Shanghai's dishes are oily, tasty, sweet and colorful.

5. Brown 先生,请多吃点干烧明虾。

Mr Brown, help yourself to some prawns with pepper sauce.

典型工作任务二　西餐宴会应对

工作困惑

作为一名外销业务人员如何应对西餐宴会? 西餐宴会前的准备有哪些? 西餐宴会中有哪些注意事项?

工作认知

客户在我国洽谈访问期间,可能希望改变饮食风味,在中国品尝西餐。西餐宴会是以品尝西方国家菜肴、领略西方文化和民俗为手段,增进双方友谊,促进生意达成的聚会。

一、西餐宴会前的准备工作

1. 西餐宴会地点的选择

上海、北京、广州等大中型城市均有一定数量的知名西餐厅,无论是装饰风格还是菜式口味,都不比欧洲国家、美国的西餐厅逊色。客户在这些餐厅用餐时,会有宾至如归的感觉。

👀 礼仪常识

上海某西餐厅是一家品牌法式西餐馆。法国菜做得正统地道,具有选料考究、操作精细、讲究沙司、注重蔬菜、品种繁多的显著特点。

2. 西餐宴会的出席人数

我方陪同人员要确定宴会出席人数,客户人数加上我方陪同人员,关键在于确定我方陪同人员人数。如果客户为1~2人,我方陪同人员一般为3~4人;如果客户人数较多,我方也应该相应增加陪同人员,尽量做到1:1;同时,我方陪同人员在预订餐桌时要注意,一般餐桌可以坐6~8人。

3. 西餐宴会菜肴的选择

西餐在菜单上的安排与中餐有很大不同。以举办宴会为例,中餐宴会除近10种冷菜外,还要有热菜6~8种,再加上甜食和水果,显得十分丰富。而西餐虽然看着有六七道菜,似乎很烦琐,但每道菜一般只有一种。

（1）头盘

西餐的第一道菜是头盘,也称为开胃品。开胃品的内容一般有冷头盘或热头盘之分,常见的品种有鱼子酱、鹅肝酱、熏鲑鱼、鸡尾酒、奶油鸡酥盒、焗蜗牛等。因为是要开胃,所以开胃菜一般都具有特色风味,味道以咸和酸为主,而且数量较少,质量较高。

（2）汤

与中餐极大不同的是,西餐的第二道菜是汤。西餐的汤大致可分为清汤、奶油汤、蔬菜汤和冷汤等4类,其品种有牛尾清汤、各式奶油汤、海鲜汤、美式蛤蜊汤、意式蔬菜汤、俄式罗宋汤、法式葱头汤等。冷汤的品种较少,有德式冷汤、俄式冷汤等。

（3）副菜

鱼类菜肴一般作为西餐的第三道菜,称为副菜。品种包括各种淡、海水鱼类,贝类及软体动物类。通常,水产类菜肴与蛋类、面包类、酥盒菜肴,均称为副菜。因为鱼类等菜肴的肉质鲜嫩,比较容易消化,所以放在肉类菜肴的前面,名称也和肉类菜肴主菜有区别。西餐吃鱼类菜肴讲究使用专用的调味汁,品种有鞑靼汁、荷兰汁、酒店汁、白奶油汁、大主教汁、美国汁和水手鱼汁等。

（4）主菜

肉、禽类菜肴是西餐的第四道菜,也称为主菜。肉类菜肴的原料取自牛、羊、猪、小牛仔等各个部位的肉,其中最有代表性的是牛肉或牛排。牛排按其部位又可分为沙朗牛排(也称西冷牛排)、菲利牛排、"T"骨型牛排、薄牛排等,其烹调方法常用的有烤、煎、铁扒等。肉类菜肴配用的调味汁,主要有西班牙汁、浓烧汁精、蘑菇汁、白尼斯汁等。

禽类菜肴的原料取自鸡、鸭、鹅,通常将兔肉和鹿肉等野味也归入禽类菜肴。禽类菜肴品种最多的是鸡,有山鸡、火鸡、竹鸡等,可煮、可炸、可烤、可焖,主要的调味汁有黄肉汁、咖喱汁、奶油汁等。

（5）蔬菜类菜肴

蔬菜类菜肴可以安排在肉类菜肴之后，也可以与肉类菜肴同时上桌，所以可以作为第五道菜，或称为一种配菜。蔬菜类菜肴在西餐中称为沙拉，与主菜同时服务的沙拉称为生蔬菜沙拉，一般用生菜、西红柿、黄瓜、芦笋等制作。沙拉的主要调味汁有醋油汁、法国汁、千岛汁、奶酪沙拉汁等。

沙拉除了蔬菜之外，还有一类是用鱼、肉、蛋类制作的。这类沙拉一般不加味汁，在进餐顺序上可以作为头盘食用。

煮花椰菜、煮菠菜、炸土豆条等熟食的蔬菜，通常与主菜的肉类菜肴一同摆放在餐盘中上桌，称为配菜。

（6）甜品

西餐的甜品是主菜后食用的，可以算是第六道菜。从真正意义上讲，它包括所有主菜后的食物，如布丁蛋糕、冰淇淋、奶酪、水果等。

（7）咖啡、茶

西餐的最后一道是饮料，如咖啡或茶等。饮咖啡一般要加糖和淡奶油，茶一般要加香桃片和糖。

礼仪常识

西餐是欧美菜系的统称，分为法式菜、英式菜、美式菜、俄式菜和意式菜等，其中法式菜名列西餐之首。法式菜肴的特点是：选料广泛（如蜗牛、鹅肝都是法式菜肴中的美味），加工精细，烹调考究，滋味有浓有淡，花色品种多；比较讲究吃半熟或生食，如牛排、羊腿以半熟鲜嫩为佳，海味的蚝也可以生吃，烧野鸭一般六成熟即可食用等；重视调味，调味品种类多样，如果用酒来调味，什么样的菜选用什么样的酒都有严格的规定，如清汤用葡萄酒，海味品用白兰地酒，甜品用各式甜酒或白兰地等；法国菜和奶酪，品种多样。法国人十分喜爱吃奶酪、水果和各种新鲜蔬菜。

学习案例 4-5

广东佛山某家具出口企业外销经理 B 宴请德国客户，客户提议在中国品尝一下法国菜。在西餐厅就餐时，外销经理 B 点了牛排。请问外销经理 B 点菜程序是否符合西餐的规范？为什么？

二、西餐宴会中的注意事项

1. 西餐宴会座位安排

（1）女士优先

在西餐礼仪里，往往体现女士优先的原则。排定用餐席位时，一般女主人为第一主人，在主位就位；而男主人为第二主人，坐在第二主人的位置上。

（2）距离定位

西餐桌上席位的尊卑是根据其距离主位的远近确定的。距主位近的位置要高于距主位远的位置。

（3）以右为尊

排定席位时，以右为尊是基本原则。就某一具体位置而言，按礼仪规范其右侧要高于左侧之位。在西餐排位时，男主宾要排在女主人的右侧，女主宾排在男主人的右侧，按此原则，依次排列。

（4）面门为上

按西餐礼仪的要求，面对餐厅正门的位置要高于背对餐厅正门的位置。

（5）交叉排列

西餐排列席位时，讲究交叉排列的原则，即男女应当交叉排列，熟人和生人也应当交叉排列。在西方人看来，宴会场合是要拓展人际关系，交叉排列的用意就是让人们能多与周围的客人聊天，以达到社交目的。

2. 西餐宴会酒水安排

西餐宴会中所上的酒水可以分为餐前酒、佐餐酒、餐后酒等3种。它们各自又拥有许多具体种类。餐前酒，又称开胃酒。显而易见，它是在开始正式用餐前饮用或在吃开胃菜时与之搭配的。一般情况下，人们在餐前喜欢饮用的酒水有鸡尾酒、味美思和香槟酒等。佐餐酒，又称餐酒。它是在正式用餐期间饮用的酒水。西餐里的佐餐酒均为葡萄酒，而且大多数是干葡萄酒或半干葡萄酒。在正餐或宴会上选择佐餐酒，有一条重要的原则不可不知，即"白酒配白肉，红酒配红肉"。这里所说的白肉，即鱼肉、海鲜、鸡肉，吃这类肉时，须以白葡萄酒搭配；这里所说的红肉，即牛肉、羊肉、猪肉，吃这类肉时，则应配以红葡萄酒。餐后酒，指的是在用餐之后饮用的用来助消化的酒水。最常见的餐后酒是利口酒，又称香甜酒。最有名的餐后酒，则是有"洋酒之王"美称的白兰地酒。

👀 礼仪常识

葡萄酒是一种高级低度酒类饮品，作配餐使用，广受人们所喜爱（尤其是女性。）葡萄酒由各种优质葡萄经过破碎、发酵、陈酿等过程酿制而成，通常分为红葡萄酒和白葡萄酒两种。普通白葡萄酒一般使用纯正、去皮的白葡萄经过压榨、发酵制成。红葡萄酒是选择皮红肉白或皮肉皆红的葡萄，采用皮汁混合发酵，然后进行陈酿而成的葡萄酒。葡萄酒的主要出产国有法国、澳大利亚、西班牙、意大利、美国、阿根廷、德国、南非、智利和中国等国家。

3. 西餐宴会气氛营造

西餐宴会十分注重气氛，但它与中餐宴会的热闹不同，而是在一种优雅文静的气氛中进行。服务员反应要灵敏，步履要轻快，动作要敏捷干脆，不得有响声。在向客人介绍菜单征求意见时，声音以客人听得清楚为宜。背景音乐要柔和，为客人营造一种美好的气氛和高尚的情调。

学习案例 4-6

广州某出口企业外销业务员小 A 根据公司安排准备宴请加拿大客人吃西餐,在宴会过程中,小 A 使用刀叉不熟练,发出很大响声。请问小 A 的行为举止是否符合西餐礼仪? 为什么?

4. 西餐宴会特殊情况应对

宴会进行中由于不慎发生异常情况,如用力过猛,使刀叉撞击盘子发出声音,或者餐具摔落地上,或者打翻酒水等,应沉着应对。餐具碰出声音,可轻轻向邻座(或向主人)说一声"对不起"。餐具掉落后可请招待员再送一副。酒水打翻溅到邻座身上,应表示歉意,协助擦干;如对方是女士,只要把干净餐巾或手帕递上即可,由她自己擦干。

三、西餐宴会应对常用英文

西餐厅	western restaurant
牛排	steak
甜点	dessert
威士忌	whisky
浓咖啡	strong coffee
加奶咖啡	white coffee
全熟	well-done
七成熟	medium-well
五成熟	medium
三成熟	rare
刀	knife
叉	fork
汤勺	soup spoon
餐巾	napkin

学习案例 4-7

1. 上海红房子西餐厅是一家品牌法式西餐馆。
Shanghai Red House Restaurant is a brand French west restaurant.

2. 牛排五成熟很美味。
Medium steak is very delicious.

3. 吃海鲜配以白葡萄酒,吃牛肉配以红葡萄酒。
Eating seafood will match with white wine,while eating beef will match with red wine.

4. 西餐的甜品是主菜后食用的,包括布丁蛋糕、冰淇淋、奶酪、水果等。

The dessert of western food is eaten after the main dishes,which includes the pudding cake,ice cream,cheese,fruits,etc.

5. Brown 先生,请喝咖啡,需要加糖吗?

Mr Brown,please have a cup of coffee,do you need any sugar?

典型工作任务三　酒会应对

工作困惑

作为一名外销业务人员应如何应对酒会? 酒会前的准备工作有哪些? 酒会中有哪些注意事项?

工作认知

酒会是形式较简单,用酒和点心待客人,不用排席次,客人到场、退场都比较自由的宴会。酒会上不设正餐,只是略备酒水、点心、菜肴等,而且多以冷味为主。

一、酒会前的准备工作

1. 发出请帖或口头邀请

对于参加人数较少的酒会,可以发出口头邀请;对于参加人数较多的酒会,一般应该发出请帖,注明酒会时间、地点、主题等。

2. 控制人群密度

成功的酒会一般人群密度适中,过于嘈杂和拥挤是酒会的大忌。因此,筹备酒会时,必须充分考虑场所的容量和通风情况,做出明智的安排。

通常情况下,可将举办酒会的主厅周围的房间、阳台、花园等利用起来,以供客人自行调节密度,置于感觉舒适的场所。

3. 了解客人情况

如果来宾中老年人居多,要尽量考虑到中老年人的身体状况和特殊需求。因此,餐桌旁多放些椅子十分必要;如果来宾以年轻人为主,则这种考虑不必过多。

4. 食物、酒水、饮料安排

酒会提供的果仁、点心、饮料、冷菜等食品应方便客人拿取,最好将食品放在合适的碗或盘中,置于房间各处,以方便取用。

学习案例 4-8

广东佛山某家具出口企业外销经理 B 根据公司计划安排酒会招待来华参加订货会的海外客户,客户接近 50 人,其中老年客户接近 10 人。请问外销经理 B 在安排酒会时应该做哪些准备工作? 为什么?

二、酒会中的注意事项

1. 酒会特点

(1) 不必准时

对于客人来讲,参加酒会不要求准时,只要在酒会举办的时间内到达都可以。

(2) 不限衣着

不像中、西餐宴会对主客双方的衣着有一定的限制,酒会只要求参加者衣着整齐、干净、大方。

(3) 自选菜肴

由于酒会属于自助服务形式,因此参加者自己服务自己,自由选择自己喜爱的菜肴进食。

(4) 自由交际

酒会上一般不设座位,或者少设座位,具有很大的流动性,方便参加者随意交流。

2. 酒会座位安排

餐桌旁可以放些座位以供年长者或疲惫者使用。

3. 酒会酒水安排

酒会以酒水为主,包括酒精性饮料和非酒精性饮料。酒精性饮料一般包括啤酒、红酒、鸡尾酒和白兰地等;非酒精性饮料包括各种果汁、汽水和矿泉水等。

4. 酒会气氛营造

酒会气氛最大的特征如下。

(1) 温馨

酒会的非正式性让酒会少了一份庄重,多了一份惬意。

(2) 浪漫

酒会现场往往会有一些摆设与装饰,如色彩绚丽的彩绘餐具、古朴典雅的陶器,以及酒会参加者多穿着鲜艳的衣服。它们都能为酒会定下浪漫的基调。

(3) 活跃

参加者随意自由地走动与交流,体现了酒会的活跃性。如果适度安排小游戏或抽奖活动,可以调动参加者的兴趣,让酒会更加活跃。

5. 酒会特殊情况应对

（1）个别参加者不够活跃

受熟悉程度或话题影响，个别参加者比较孤独，这时候需要我方陪同人员主动寻找话题与其攀谈。

（2）密切注意酒水、食品的消耗量

某些酒水、食品可能比较受欢迎，其消耗量较大，需要我方陪同人员随时关注，及时与承办方沟通，保证供应。

学习案例 4-9

广东佛山某家具出口企业外销经理 B 根据公司计划安排酒会招待来华参加订货会的海外客户，客户接近 50 人，其中参加订货会的 Mark 先生独自在饮啤酒。请问外销经理 B 应该如何应对？为什么？

三、酒会应对常用英文

酒会	reception party
饮料	beverage
橘子汁	orange juice
汽水	soft drink
柠檬茶	lemon tea
苏打水	soda water
雪糕	ice cream
鸡尾酒	cocktail
啤酒	beer
伏特加	vodka
威士忌	whisky
白兰地	brandy
冷菜	cold dish
熏鱼	smoked fish
凉拌海蜇	shredded jelly-fish with soy sauce
酱牛肉	spiced beef
卤鸭	spiced duck

学习案例 4-10

1. 酒会上有酒精性饮料、非酒精性饮料和凉菜。

There are alcoholic drinks, non-alcoholic drinks and cold dish in the reception party.

2. 非酒精性饮料有橘子水、柠檬茶和苏打水。

Non-alcoholic drinks include orange juice,lemon tea and soda water.

3. 酒精性饮料有鸡尾酒、啤酒、伏特加和威士忌。

Alcoholic drinks include cocktail,beer,vodka and whisky.

4. 凉菜包括熏鱼、凉拌海蜇、酱牛肉和卤鸭,看上去都很美味。

Cold dishes include smoked fish,shredded jelly-fish with soy sauce, spiced beef and spiced duck,they all looked very delicious.

5. Brown 先生,为了友谊干杯!

Mr Brown,for our friendship,bottoms up!

综合实训

一、实训目的

1. 通过实训,理解并掌握中餐宴会、西餐宴会、酒会前的准备工作和中餐宴会、西餐宴会、酒会的注意事项。

2. 通过实训,正确完成餐饮礼仪操作,从容得体应对客户。

二、实训内容

围绕餐饮礼仪,通过实训,全面掌握有关中餐宴会、西餐宴会和酒会的相关礼仪,并具备扎实的理论基础与职业能力。根据认知规律,实训分为基础理论知识部分与实践技能操作部分。

基础理论知识

一、模块核心概念

1. 中餐宴会

2. 老字号饭店

3. 菜系

4. 祝酒词

5. 西餐宴会

6. 餐前酒

7. 酒会

习题自测

二、单项选择题

1. 中餐宴会中外国客户比较喜欢的菜肴有（   ）。

    A. 鸡肉

    B. 鱼翅

    C. 猪肉

    D. 牛肉

2. 客户喜欢品尝清淡口味的中国菜,我方陪同人员应该安排(　　)。

    A. 粤菜

    B. 湘菜

    C. 川菜

    D. 鲁菜

3. 西餐中最有名的是(　　)。

    A. 英式菜

    B. 美式菜

    C. 法式菜

    D. 俄式菜

4. 西餐虽然看着有(　　)道,似乎很烦琐,但每道一般只有一种。

    A. 2~3

    B. 4~5

    C. 6~7

    D. 8~9

5. 西餐的上菜顺序是(　　)。

    A. 头盘→主菜→副菜→蔬菜类菜肴→汤→甜品→咖啡、茶

    B. 头盘→副菜→主菜→蔬菜类菜肴→汤→甜品→咖啡、茶

    C. 头盘→汤→主菜→副菜→蔬菜类菜肴→甜品→咖啡、茶

    D. 头盘→汤→副菜→主菜→蔬菜类菜肴→甜品→咖啡、茶

6. 在品味西餐时,进食(　　)时,不应配以红葡萄酒。

    A. 牛肉

    B. 鸡肉

    C. 羊肉

    D. 猪肉

7. 酒会上不供应(　　)。

    A. 点心

    B. 饮料

    C. 冷菜

    D. 热菜

8. (　　)不属于酒会的特点。

    A. 必须准时

    B. 不限衣着

    C. 自选菜肴

    D. 自由交际

9. 一般来说,酒会以(　　)为主招待客人。

    A. 点心

    B. 酒水

    C. 冷菜

    D. 热菜

10. (　　　　)不是葡萄酒的主要生产国。

    A. 法国

    B. 泰国

    C. 德国

    D. 南非

三、多项选择题

1. 属于老字号中餐饭店的是(　　　　　　)。

    A. 北京全聚德烤鸭店

    B. 上海杏花楼

    C. 广州陶陶居酒楼

    D. 南京老正兴菜馆

    E. 西安春发生饭店

    F. 扬州菜根香饭店

    G. 苏州松鹤楼菜馆

    H. 杭州楼外楼菜馆

2. 中餐宴会的菜肴选择考虑的因素有(　　　　　　)。

    A. 注意中西方饮食的偏差

    B. 注意中餐宴会的出席人数

    C. 注意客户对中餐菜肴的理解

    D. 注意客户的宗教信仰

3. 西餐是欧美菜系的统称,分为(　　　　　　)。

    A. 意式菜

    B. 日本菜

    C. 法式菜

    D. 美式菜

    E. 韩国菜

4. 白葡萄酒搭配的菜肴有(　　　　　　)。

    A. 牛肉

    B. 鱼肉

    C. 海鲜

    D. 羊肉

    E. 鸡肉

5. 酒会前的准备工作有(　　　　　　)。

    A. 食物、酒水、饮料安排

    B. 了解客户情况

    C. 控制人群密度

D. 发出请帖或口头邀请

四、判断题

1. 星级酒店中的餐厅服务细致入微,餐饮收费较高,星级越低菜价越贵,更多的是体现身份与品位。   (　)

2. 为了营造良好的就餐气氛,应该在宴会正式开始前,由客户中地位最高者致宴会祝酒词。祝酒词是有关欢迎客户来访,为了增进双方的友谊、拓展双方的业务特举办此次宴会,希望客户能够品味中国菜肴的美味,能够尽兴等内容的祝福话语。   (　)

3. 在西餐礼仪里,往往体现女士优先的原则。排定用餐席位时,一般女主人为第一主人,在主位就位;而男主人为第二主人,坐在第二主人的位置上。   (　)

4. 餐前酒,又称开胃酒。显而易见,它是在开始正式用餐前饮用或在吃开胃菜时与之搭配的。在一般情况下,人们喜欢在餐前饮用的酒水有红葡萄酒和白葡萄酒。   (　)

5. 酒会上不设正餐,只是略备酒水、点心、菜肴等,而且多以热菜为主。   (　)

6. 酒会对于主客双方的衣着有一定的限制,要求参加者衣着整齐、干净、大方,并要求穿正装。   (　)

7. 酒会现场往往会有一些摆设与装饰,如色彩绚丽的彩绘餐具、古朴典雅的陶器,以及酒会参加者穿着的鲜艳的衣服。它们都能为酒会定下浪漫的基调。   (　)

8. 西餐虽然看着有6~7道菜,似乎很烦琐,但每道一般只有两种。   (　)

9. 由于酒会属于自助服务形式,因此参加者自己服务自己,自由地选择自己喜爱的菜肴进食。   (　)

10. 酒会的正式性让酒会少了一份惬意,多了一份庄重。   (　)

五、案例分析

1. 深圳某出口企业外销女业务员小B接待来访的美国客人W先生,在安排中餐宴会时,小B点了鱼翅羹,W先生是一名环保人士。

请问:小B的行为是否恰当?为什么?

2. 广州某出口企业外销业务员小C接待来访的加拿大客人J夫妇,在安排西餐宴会时,主菜点了薄牛排,佐餐酒则点了白葡萄酒。

请问:小C的安排是否恰当?为什么?

实践技能操作

一、中餐宴会应对、西餐宴会应对、酒会应对中英文认知

1. 将英文单词、词组译成中文

(1) Chinese restaurant

(2) western restaurant

(3) menu

(4) spicy

(5) tender

(6) steak

(7) medium-well

（8）dessert

（9）reception party

（10）cold dish

（11）cocktail

2. 将中文句子译成英文

（1）Brown 先生,为了友谊干杯!

（2）西餐的甜品是在主菜后食用的,包括布丁蛋糕、冰淇淋、奶酪、水果等。

（3）Brown 先生,请多吃点干烧明虾。

二、审核以下案例,指出其中的错误,并改正

1. 广州和鑫工贸有限公司(Guangzhou Hexin Industrial and Trade Co.,Ltd.)的王伟经理接待来访的英国客人 Bob 夫妇。根据接待计划,王伟经理安排中餐宴会招待 Bob 夫妇,Bob 夫妇对中华文化具有浓厚的兴趣。王伟经理选择了一家五星级餐厅,所点菜肴中有白切鸡,安排 Bob 夫妇的座位面对房间门,此外在宴会过程中他不断地劝酒。

请问:在谈判接待工作中,王伟经理有哪些行为举止不符合餐饮礼仪的规定? 为什么? 应该如何改正?

2. 上海金雕贸易有限公司(Shanghai Golden Eagle Trading Co.,Ltd.)的李伟经理接待来访的美国 UANREST REFT CO. 的以 Tony 先生为领队的贸易代表团,代表团中老年客人较多。根据接待计划,李伟经理安排酒会招待代表团成员。李伟经理在酒会现场没有安排座位,酒会提供果仁、点心、饮料、冷菜、热菜之类的食品,其中红酒很受欢迎,经常断档,此外在酒会中他多次发表讲话。

请问:在谈判接待工作中,李伟经理有哪些行为举止不符合餐饮礼仪的规定? 为什么? 应该如何改正?

模块五

洽谈礼仪操作

典型工作任务	1. 见面洽谈模式应对 2. 电话洽谈模式应对 3. 网络洽谈模式应对
主要学习目标	1. 掌握见面洽谈模式的事先准备工作、类型、技巧与常用英文 2. 掌握电话洽谈模式的优点、弊端、技巧与常用英文 3. 掌握网络洽谈模式的优点、弊端、技巧与常用英文
基础理论知识	1. 白金法则 2. 黄金法则
工作操作技能	能够正确地完成洽谈礼仪操作,从容得体应对客户

典型工作任务一　见面洽谈模式应对

工作困惑

作为一名外销业务人员,经常需要在办公室、各种展会与客户见面洽谈,需要做哪些洽谈准备工作? 见面洽谈模式有哪些类型? 有哪些技巧?

工作认知

作为一名外销业务人员,在与客户见面洽谈业务之前,应该未雨绸缪,充分做好洽谈准备工作,熟悉见面洽谈模式的不同类型,针对不同客户采用不同的谈判技巧,可以顺利地完成业务谈判,促成业务成交,带来事半功倍的效果。

一、见面洽谈模式的事先准备工作

1. 见面洽谈心理准备

(1) 自信心

作为一名外销业务人员,如果要顺利完成见面洽谈,首先需要对自己服务的企业有信心和对自身的业务能力有信心。

① 对自己服务的企业有信心。

只有充分了解了企业的历史、业绩、主打产品、销售计划与策略和企业的核心竞争力,在与客户洽谈时才能从容应对,掌握洽谈的主动权。

② 对自身的业务能力有信心。

正确看待自己的优点与缺点,热爱外销工作;事前充分准备,充足睡眠,保持良好的精神面貌,同时不断地激励自己,为承担企业洽谈任务而感到自豪,努力争取谈判成功。

（2）亲切诚恳原则

① 平等地位。

洽谈双方不应该由于洽谈双方公司的规模大小、影响力,谈判者的年龄大小、职位高低等因素导致不对称的洽谈格局。

② 亲切。

要像对待亲朋好友一样坦然面对客户,落落大方,不自然且做作的态度容易引起对方的反感。

③ 诚恳。

洽谈时不能任性,不能轻视对方,不能轻易对客户产生成见,要能包容洽谈的分歧,同时应该换位思考,理解客户的思维,正确表达自己的观点。

2. 见面洽谈企业资料准备

（1）企业宣传资料

企业宣传资料是客户了解企业的窗口与桥梁,能够让客户在最短的时间内对企业有初步的认识,以便达成洽谈目标。

（2）出口产品目录

出口产品目录汇集了企业的出口产品,相当于餐厅的菜单,让客户对企业的出口产品有全面的了解,以便客户做出对比与选择。

（3）出口报价单

出口报价单汇总了企业的出口产品的价格,一般有 FOB、CFR、CIF 价格,以便客户选择不同的贸易术语。在实际操作中,出口报价单的价格要留有余地,以便与客户讨价还价。

（4）名片

名片是外销业务员的自我介绍,一般含有企业名称、姓名、头衔、企业地址、联系方式(固定电话号码、手机号码、E-mail)等信息,其作用在于加深客户对外销业务员的印象,方便开展洽谈业务。

（5）其他

如果是在我出口企业开展见面业务洽谈,应该适当准备茶水、咖啡、糖果、水果甚至小点心,活跃洽谈气氛,营造温馨洽谈氛围,以便洽谈成功。

3. 见面洽谈客户资料准备

在见面洽谈前应该将能够收集到的客户背景资料进行汇总,具体了解客户的性别、年龄、性格特点、谈判风格等,以便在谈判中知己知彼。

学习案例 5-1

广州某出口企业外销业务员小 A 准备接待阿联酋客户 Mohammad 先生来访并开展业务洽谈,Mohammad 先生是一名虔诚的伊斯兰教教徒。请问在开展见面洽谈时小 A 要做哪些准备工作?

礼仪常识

见面洽谈就其内容来讲,可分为礼节性洽谈和事务性洽谈,或者二者兼而有之。礼节性的洽谈双方会见时间较短,话题较为广泛。事务性的洽谈一般就具体业务商谈。见面洽谈一般安排在会议室、会议厅或办公室。宾主可以各坐一边,以示正式、隆重;也可以穿插坐在一起,以显示气氛融洽。洽谈通常用长方形、椭圆形或圆形桌子,宾主相对而坐,以正门为准,主人占背门一侧,客人面向正门。主谈人居中,其他人按礼宾顺序左右排列,一般应尊重主人的安排。小范围的洽谈,也可以不用长桌,只设沙发,双方座位按会见座位安排。

学习案例 5-2

广东佛山某家具出口企业外销经理 B 计划接待沙特客户 M 先生贸易代表团 4 人,业务洽谈地点设在企业会客厅。请问外销经理 B 如何安排洽谈座位? 为什么?

二、见面洽谈模式类型

1. 开门见山

这种类型适合双方已经互相了解,已经建立起业务关系;或者谈判时间不充足,双方只能在最短的时间内完成业务交流。开门见山类型可为洽谈双方节省谈判时间,提高谈判效率,但是如果碰到重大分歧,会给双方带来尴尬,破坏洽谈气氛,甚至影响洽谈结果。

2. 投石问路

这种类型适合于双方初次见面,彼此互相不够了解,需要揣摩对方洽谈目标、洽谈风格等。在正式洽谈前可以交流一些开放式的话题,拉近彼此的距离,为正式洽谈做好铺垫。投石问路类型在洽谈中可以避免重大尴尬,便于得到最佳洽谈效果,但是会耗用较多的谈判时间,洽谈双方需要投入更多的精力。

3. 声东击西

这种类型的使用体现了洽谈一方的智慧,往往避实就虚,在洽谈时不急于流露出真实谈判意图,经过几轮非实质性洽谈之后,会不经意地流露出真实意图,探求对方的实质底线。声东击西类型会分散一方的注意力,双方不能很快地增加洽谈互信。

4. 强势主导

这种类型的使用往往体现了洽谈双方的实力不平衡,洽谈一方比较强势,想利用自己的优势主导洽谈的方向与内容,而洽谈的另一方往往弱势周旋。强势主导会给洽谈一方带来额外的收益,但是在洽谈中应该慎重使用,否则会引起洽谈对方的反感与抵触。

📝 **学习案例 5 - 3**

广州某出口企业外销业务员小 A 在与阿联酋客户 Mohammad 先生洽谈时,Mohammad 先生表示他的公司是阿联酋最大的建材进口商,对小 A 的产品表示满意,但是要求小 A 必须给予他在阿联酋的独家代理权,否则不考虑合作。请问 Mohammad 先生使用了哪一种洽谈模式? 为什么?

三、见面洽谈模式技巧

1. 注意留给洽谈对方好印象

印象决定洽谈效果,任何客户都愿意跟留有美好印象的人打交道。对于初次见面的客户,第一印象尤其重要,一旦形成后会很难改变。

2. 能够换位思考

在业务洽谈中,需要我们经常换位思考,站在客户的思考角度考虑问题,了解客户的需求,同时让客户在最短时间内认同、接受我方的观点。

👀 **礼仪常识**

换位思考是人对人的一种心理体验过程。将心比心、设身处地是达成理解不可缺少的心理机制。它客观上要求我们将自己的内心世界,如情感体验、思维方式等与对方联系起来,站在对方的立场上体验和思考问题,从而与对方在情感上得到沟通,为增进理解奠定基础。它既是一种理解,也是一种关爱!

📝 **学习案例 5 - 4**

广州某出口企业外销业务员小 A 在与美国客户 Smith 先生洽谈时,向客人提出了最少订量为 2 000 套男式卫衣,客人表示首次订货没有把握,想试订 200 套,但是小 A 在洽谈中坚持自己的观点,最后洽谈不欢而散。请问为什么会导致该结果?

3. 能够把握洽谈节奏

掌握洽谈节奏是谈判过程中的重要技术环节,是完整的洽谈过程中的重要组成部分。洽谈节奏往往决定着一次洽谈的成功与否。洽谈时机的掌握是掌握洽谈节奏的第一反映,也是表性反映。它由两个因素构成:时间与机会。

礼仪常识

时间因素具有双重特性:客观因素与主观因素。客观因素,即洽谈双方共同承认环境条件造成的客观时间限制,要求在洽谈时抓紧时间。主观因素是一种策略因素,即人为地操纵时间,制造出紧迫或松散的洽谈节奏,以适应施加谈判压力的需要的做法。

机会因素即对能影响洽谈进程中偶然出现的事物(人或事件)适时加以利用的情况。机会因素有正负因素之别:正因素系指事物的出现对己方有积极作用,抓住利用后会得到良好的效果,对于这一类因素要积极地加以利用;负因素是指事物的出现对己方谈判有害,应适时地加以回避。

四、见面洽谈模式应对常用英文

业务洽谈	business negotiation
名片	name card
介绍	introduce
出口经理	export manager
棘手	tricky
理解	understand
处境	situation
结果	result

学习案例 5-5

1. 我的名字叫张晓虎,我是出口部经理。
My name is Zhang Xiaohu, I am an export manager.
2. 这是我的名片,可以给我你的卡片吗?
This is my name card, can I have your card?
3. 很高兴终于见到了,我们可以通过商务谈判取得好结果。
It's very nice to finally meet you, we can get good result through business negotiation.
4. 让我为你介绍一下我的经理。
Let me introduce my manager to you.
5. 这有点棘手,让我们把它解决了。
It's a bit tricky, let's put it resolved.
6. 我们理解贵司的处境,可能暂时无法接受我方的条件。
We understand your situation, it may be temporarily unable to accept our conditions.

典型工作任务二　电话洽谈模式应对

工作困惑

作为一名外销业务人员,经常要利用手机、固定电话与客户进行业务洽谈。如何与客户开展洽谈? 电话洽谈模式有哪些优点? 有哪些弊端? 要注意哪些技巧?

工作认知

在实际业务中,外销业务人员应该充分利用电话洽谈模式的优点,扬长避短,完成洽谈任务,达成业务目标。

一、电话洽谈模式的优点

1. 方便

电话洽谈模式可以在任何时间内开展,尤其是使用手机,可以实现任何地方、任何时间的通话,为洽谈业务的展开提供便利。

2. 省时

与见面洽谈模式相比,电话洽谈模式可以节省很多的洽谈时间,减少洽谈准备、寒暄等环节,直入主题,开门见山。国际长途电话费用价格高昂,语言须精练明了。

3. 高效

不同于见面洽谈模式受对方眼神、肢体语言的影响,电话洽谈模式可以坚定自己的立场与观点,同时可以很容易地打断双方讨论的主题。

4. 减少双方洽谈的不对称性

电话洽谈模式不受或少受洽谈双方地位、外貌、年龄、头衔等因素的影响,让洽谈双方处于平等地位。

二、电话洽谈模式的弊端

1. 洽谈时间不充分

国际长途电话昂贵的费用要求洽谈双方尽快结束洽谈,导致了洽谈时间不够充分,不能自由充分地交流意见。

2. 容易误解对方的意思

使用电话洽谈模式,往往要在最短的时间内表达自己的观点或听取对方的意见,受语言习惯、思维方式等的影响,容易误解对方的意思。

3. 不利于各种资料的传递

见面洽谈模式可以让洽谈双方展示、交流各种洽谈文件,但是在电话洽谈模式中,洽谈双方不可能实现书面资料的传递。

4. 接电话者处于被动地位

在电话洽谈模式中,接电话者一般处于被动地位,在通话中存在压力,不能充分地考虑洽谈的主题,不能及时、正确地应对拨打电话者的各种问题,有时甚至需要被动、匆忙地作出各种决定。

5. 对外语口语水平要求较高

在电话洽谈模式中,我方业务人员一般要使用外语与对方进行业务洽谈,如果业务人员外语口语水平较低,就会影响业务洽谈的正常进行。

三、电话洽谈模式的技巧

1. 注意使用场合

在与客户使用电话模式洽谈时,一定要根据以下不同的场合灵活使用。

(1)紧急情况下使用

在与客户业务交往过程中,往往会遇到一些需要客户马上确认的问题,在这种情况下,可以使用电话模式与客户洽谈。

(2)客户不在办公室情况下使用

当客户不在自己的办公室,需要与客户沟通确认时,可以拨打客户的手机,进行电话洽谈。

(3)节假日问候

在与客户开展业务过程中,为了维护与客户的良好关系,往往需要在客户所在国家的重大节日之际使用电话模式向客户表示节日问候和良好祝愿。

✎ **学习案例 5—6**

广东佛山某家具出口企业外销经理 B 在执行与日本客户 G 先生的合同时,发现合同规定的船公司已无舱位,必须使用其他船公司的舱位。请问在这种情况下能否使用电话洽谈?为什么?

礼仪常识

序号	国家名称	国际电话区号	序号	国家名称	国际电话区号
1	美国	001	16	巴拿马	00507
2	加拿大	001	17	秘鲁	0051
3	南非	0027	18	墨西哥	0052
4	埃及	0020	19	阿根廷	0054
5	尼日利亚	00234	20	巴西	0055
6	肯尼亚	00254	21	日本	0081
7	埃塞俄比亚	00251	22	韩国	0082
8	法国	0033	23	香港	00852
9	德国	0049	24	澳门	00853
10	意大利	0039	25	印度	0091
11	瑞士	0041	26	沙特	00966
12	英国	0044	27	阿联酋	00971
13	丹麦	0045	28	俄罗斯	007
14	瑞典	0046	29	澳大利亚	0061
15	挪威	0047	30	新西兰	0064

学习案例 5-7

广州某出口企业外销业务员小 A 应业务需要必须与美国客户、法国客户和巴西客户电话联系。请问这些国家的国际电话区号分别是什么？

2. 注意言简意赅

电话洽谈模式受通信费用高昂的限制,要求我们在使用电话与客户沟通时,必须突出重点,让客户在最短的时间内明白我们的意图,避免滔滔不绝。最好在拨打电话前,将计划与客户沟通的问题做书面整理。

3. 注意时差

使用电话模式从事外贸业务时,由于客户所在国家与我国处于不同的时区,存在时差,需要我们认真查阅目标国家与我国的时差,根据目标国家客户的作息时间,在不给客户带来不便的情况下,拨打国际电话。

礼仪常识

随着地球自转,一天中太阳东升西落,太阳经过某地天空的最高点时为此地的地方时12点,因此在不同经线具有不同的地方时。两个时区标准时间(即时区数)相减就是时差。时区数值大的时间早。例如,中国是东八区(+8),美国东部是西五区(-5),两地的时差是13小时,北京比纽约要早13个小时;如果是美国实行夏令时的时期,则相差12小时。

学习案例5-8

广东佛山某家具出口企业外销经理B需要与美国纽约客户Smith先生进行电话洽谈,Smith先生在纽约时间上午9点上班。请问外销经理B最早应于北京时间几点拨打电话?为什么?

4. 注意客人的反应

使用电话模式,由于不能观察到客户的面部表情与肢体语言,客户的反应不能得到及时、全面的反馈。但是我们可以通过接听客户语音、语调、声音大小等方面的变化微妙地察觉客户在洽谈时的反应。

四、电话洽谈模式应对常用英文

电话	telephone
手机	mobile phone
长途电话	long-distance call
拨入	dial-in
拨出	dial-out

学习案例5-9

1. 你好!我是张晓虎,来自中国广州的长途电话。
Hello! This is Zhang Xiaohu speaking.Long-distance call from Guangzhou China.

2. 这里是广州蓝天公司,我能帮你什么吗?
Guangzhou Blue Sky Corporation.May I help you?

3. 请约翰逊先生听电话好吗?
May I speak to Mr.Johnson,please?

4. 我正在跟谁讲话呢?
Whom I am speaking with?
Whom am I talking to?

5. 我会请她听电话,请等一下。
I'll put her on the phone.Please Just a second.

6. 您介不介意稍等一分钟呢?

Would you mind holding for one minute?

7. 我打电话来是想了解付款情况。

I'm calling to know the payment.

8. 我能不能跟你们经理讲话? 你是?

May I talk to your manager? And you are?

典型工作任务三　网络洽谈模式应对

工作困惑

随着通信技术的发展,作为一名外销业务人员,经常要利用网络工具与客户进行业务洽谈,如何利用网络工具与客户洽谈,网络洽谈模式有哪些优点? 有哪些弊端? 需要注意哪些技巧?

工作认知

随着现代通信技术的高速发展,网络工具也逐渐成为外销业务人员的重要洽谈工具。作为一名优秀的外销业务人员,应该与时俱进,掌握互联网使用技术,充分利用网络洽谈模式的优点开展外贸业务洽谈工作。

一、网络洽谈模式的优点

1. 适合跨国联系

互联网技术将地球上的每一个角落更加轻松地联系在了一起,网络洽谈模式缩短了洽谈双方的距离,为洽谈双方提供了便利的沟通方式。

2. 适合双方甚至多方互动

网络洽谈模式可以突破电话洽谈模式中一方倾听另一方诉说的局限性,洽谈双方可以更加不受拘束地表述自己的观点。网络洽谈模式甚至可以使用多方互动功能,让三方或更多方一起参与业务洽谈,提高洽谈的效率。

3. 集文字、语音与影像于一体

网络洽谈模式包含多种功能,如文字输入功能、语音功能和影像功能等,可以单一使用,也可以合成使用,让业务洽谈各方充分发表自己的观点,同时理解对方的意见。

4. 动画图像

网络洽谈模式包含动画图像功能,洽谈各方可以在许多无法用语言表达的情况下,通过动画图像委婉地表述自己的情感,在业务洽谈中收到"无声胜有声"的谈判效果。

礼仪常识

Skype 是爱沙尼亚的软件开发人员于 2003 年设计的,也称为"对等天"的支持语音通信的即时通讯软件,采用点对点技术与其他用户连接,可以进行高清语音聊天。双方网络连接顺畅时,音质可能超过普通电话。2011 年 10 月,Skype 正式被微软公司收购,成为微软的一个独立部门。2012 年 11 月,微软证实 2013 年第一季会在全球用 Skype 替换 Windows Live Messenger,中国大陆地区除外。

二、网络洽谈模式的弊端

1. 不正规性

网络洽谈模式有别于见面洽谈模式,体现为非正式性,对于一些重大洽谈内容,建议最好避免使用网络洽谈模式。

学习案例 5－10

广东深圳某建材出口企业外销经理 G 通过网络平台认识了一位加拿大客户 John 先生,双方通过网络就买卖标的初步达成一致,最终 John 先生决定订购机票飞往深圳与外销经理 G 见面洽谈。请问这体现了网络洽谈模式的哪个特点? 为什么?

2. 计算机操作技能要求高

网络洽谈模式要求使用者熟悉互联网使用的基本功能、流程,能够熟练掌握文字输入,熟悉语音、动画与影像等各基本功能,对于计算机使用过程中的各种常见问题与故障也能应对自如。

3. 年龄局限

对于年龄稍大者来说,互联网可能是一个崭新的概念。在洽谈中,受洽谈者年龄的局限,可能不一定经常使用网络洽谈模式。

4. 保密性差

目前,互联网在使用过程中存在各种病毒不断翻新、攻击手段不断创新、黑客入侵的风险,安全性较差,重大洽谈数据容易被泄露。

三、网络洽谈模式的运用

1. 熟悉各功能的使用

在使用网络洽谈模式时,必须熟悉文字、语音、动画和影像各功能的使用,并且能够综合运用,以便拉近与客户的距离,起到事半功倍的作用。

2. 要掌握获得客户谈判底线的技巧

由于网络洽谈的非正式性,洽谈各方都可以较为轻松的心态参与交流,在网络洽谈中提出一些在正式洽谈中无法提出的问题,便于试探对方的洽谈底线。

学习案例 5-11

广东佛山某家具出口企业外销经理 B 与澳大利亚客户 Peter 先生见面洽谈了多次,双方对价格问题一直无法达成一致,Peter 先生一直不肯透露他接受的底价,外销经理 B 决定使用网络洽谈模式了解客人的价格底线。请问外销经理 B 为什么这样做?

3. 掌握外贸网络用语

随着网络洽谈模式的出现,产生了很多崭新的外贸网络用语,我们提供了部分具有代表性的网络用语以供学习、工作中的人员学习和参考。

四、网络洽谈模式应对常用网络英文

请	Plz
你	U
你的	Ur
看	C
是	B/R
谢谢	Thx
好的	K/Ok/Okay/Okie
有	W
没有	W/O
因为	B/C
地址	IP
局域网	LAN
数字数据网	digital date network
因特网	Internet
万维网	World Wide Web

学习案例 5－12

1. 您好！

Hiho /Yo /Hi /Hey /Hello!

2. 你怎么样？我很好,没事。

Sup /Wuz up /What's up? Nothing /Nothing much /Not much /Nm.

3. 我的天。

OMG /Oh my god.

6. 漂亮。

N1 /Nice 1 /Nice one.

7. 生日快乐。

Happy bday /Happy b-day /Happy birthday!

8. 不知道。

Dunno /Don't know.

9. 马上回来。

Brb /Be right back!

综合实训

一、实训目的

1. 通过实训,理解并掌握见面洽谈、电话洽谈、网络洽谈 3 种模式的概念、优点、弊端和主要应对技巧。

2. 通过实训,正确完成洽谈礼仪操作,从容得体应对客户。

二、实训内容

围绕见面洽谈、电话洽谈、网络洽谈 3 种模式,通过实训,全面掌握有关 3 种模式的概念、优点、弊端与技巧等相关知识,并具备扎实的理论基础与职业能力。根据认知规律,实训分为基础理论知识部分与实践技能操作部分。

基础理论知识

一、模块核心概念

1. 开门见山类型

2. 声东击西类型

3. 换位思考

4. 时差

5. 亲切诚恳原则

6. 出口报价单

习题自测

二、单项选择题

1. 在见面洽谈模式中,双方已经互相了解了对方,并已经建立起业务关系;或者谈判时间不充足,双方只能在最短的时间内完成业务交流。在这些情况下,最好采用(　　)洽谈类型。

    A. 开门见山

    B. 投石问路

    C. 声东击西

    D. 强势主导

2. 在采用见面洽谈模式时,洽谈双方的主谈人的位置应该安排为(　　)。

    A. 居左

    B. 居右

    C. 居中

    D. 居后

3. 广州某出口企业外销业务员小 A 因业务需要必须与阿联酋客户电话联系,请问阿联酋国际电话区号是(　　)。

    A. 00251

    B. 0064

    C. 00966

    D. 00971

4. 广东佛山某家具出口企业外销经理 B 要与日本东京客户大岛先生电话洽谈,大岛先生于东京时间上午 10 点上班。B 最早应该于北京时间(　　)拨打电话。东京位于东十区。

    A. 上午 6 点

    B. 上午 8 点

    C. 下午 6 点

    D. 下午 8 点

5. 广东佛山某家具出口企业外销经理 B 需要与阿联酋迪拜客户穆罕默德先生电话洽谈,穆罕默德先生于迪拜时间下午 6 点可以接听电话。外销经理 B 最早应该于北京时间(　　)拨打电话。迪拜位于东四区。

    A. 凌晨 2 点

    B. 上午 10 点

    C. 下午 2 点

    D. 晚上 10 点

6. 在国际贸易洽谈中,可以同时使用文字、语音、动画和影像各功能的洽谈模式是(　　)。

    A. 见面模式

    B. 长途固话

    C. 移动电话

    D. 网络洽谈

7. 广东深圳某建材出口企业外销经理 G 要与英国客户紧急联系，但是英国客户外出，此时可以选择的洽谈方式是(　　　)。

    A. 网络模式

    B. 见面模式

    C. 办公室固话

    D. 客户手机

8. (　　　)洽谈模式比较受"90 后"外销业务员喜欢，而且对英语口语水平要求不是很高。

    A. 见面模式

    B. 网络模式

    C. 长途固话

    D. 移动电话

9. (　　　)洽谈模式比较正规，洽谈双方必须注意仪容仪表，需要安排洽谈地点、双方洽谈人员的座位。

    A. 见面模式

    B. 网络模式

    C. 长途固话

    D. 移动电话

10. 目前世界上使用最多的即时通讯软件是(　　　)。

    A. Word

    B. Excel

    C. PowerPoint

    D. Skype

三、多项选择题

1. 见面洽谈模式需要我方外销业务人员做的事先准备工作有(　　　)。

    A. 心理准备

    B. 企业宣传资料

    C. 出口报价单

    D. 出口产品目录

    E. 名片

    F. 对客户事先了解

    G. 茶水等其他准备

2. 见面洽谈模式的主要类型有 (　　　)。

    A. 开门见山

    B. 投石问路

    C. 声东击西

    D. 强势主导

3. 电话洽谈模式的主要特征有（　　　　　）。
   A. 方便
   B. 高效
   C. 对外语口语水平要求较高
   D. 正规性
   E. 容易误解对方的意思
   F. 洽谈时间充分

4. 网络洽谈模式的主要特征有（　　　　　）。
   A. 不正规性
   B. 适合双方甚至多方互动
   C. 保密性好
   D. 对计算机操作技能要求高
   E. 适合跨国联系

5. 在使用电话洽谈模式与海外客户沟通时,我方外销业务人员应该注意的事项有(　　　　　)。
   A. 言简意赅
   B. 易于获得客户的谈判底线
   C. 时差
   D. 使用场合
   E. 客户的反应

四、判断题

1. 出口产品目录是指汇总企业的出口产品的价格,一般有 FOB、CFR、CIF 价格,便于客户选择不同的贸易术语,在实际操作中,出口报价单的价格要留有余地,以便与客户讨价还价。　　　　　　　　　　　　　　　　　　　　　　　　　　　　　　　　（　　）

2. 投石问路型洽谈适合双方初次见面,彼此互相不够了解,需要揣摩对方的洽谈目标、洽谈风格等,在正式洽谈前可以交流一些开放式的话题,拉近彼此的距离,为正式洽谈做好铺垫。投石问路类型在洽谈中可以避免特别尴尬,便于得到最佳洽谈效果,但是会耗用较多的谈判时间,洽谈双方需要投入更多的精力。　　　　　　　　　　　　　　　　（　　）

3. 掌握洽谈节奏是谈判过程的重要技术环节,是完整的洽谈过程的重要组成部分。洽谈节奏往往决定着一次洽谈的成功与否。洽谈时机的掌握是掌握洽谈节奏的第一反映,也是表性反映。它由两个因素构成:时间与机会。　　　　　　　　　　　　　　　　（　　）

4. 网络洽谈模式可以在任何时间开展,可以实现任何地方、任何时间的洽谈,为洽谈业务的展开提供便利。　　　　　　　　　　　　　　　　　　　　　　　　　　　　　（　　）

5. 中国是东八区(+8),美国东部是西四区(-4),两地的时差是 12 小时,北京比纽约要早 12 个小时;如果是美国实行夏令时的时期,则相差 11 小时。　　　　　　（　　）

6. 广州某出口企业外销业务员小 A 因业务需要必须与英国客户、阿根廷客户和韩国客户电话联系,国际电话区号分别是 0044、0054、0082。　　　　　　　　　　（　　）

7. 网络洽谈模式有别于见面洽谈模式,在业务洽谈中体现了正式性,对于一些重大洽谈内容,建议最好采用网络洽谈模式。　　　　　　　　　　　　　　　　　　（　　）

8. 互联网已经成为日常生活中必不可少的"伙伴"，网络洽谈不受洽谈双方年龄的局限。 （ ）

9. 见面洽谈模式，洽谈各方可以较为轻松的心态参与交流，双方都可以畅所欲言，便于试探对方的洽谈底线。 （ ）

10. 在使用网络洽谈模式时，一定要注意时刻警惕黑客入侵盗取重要数据，避免被动局面出现。 （ ）

五、案例分析

1. 深圳某出口企业外销业务员小 H 接待来访沙特客户 W 先生，W 先生介绍了本公司的情况，又详细了解了我方的背景资料，对企业的产品表示兴趣，也邀请小 H 访问沙特。

请问：小 H 和 W 先生的见面洽谈模式属于哪种类型？为什么？

2. 广州某出口企业外销业务员小 C 与美国客户 Jame 先生就买卖建材进行了半年多的见面洽谈与电话洽谈，双方就价格以外的所有条款已达成一致。我方出口报价为 FOB USD105 每平方米，Jame 先生多次表示价格太高，但是始终没有还价。小 C 决定利用晚上下班时间通过网络洽谈模式与 Jame 先生沟通，探得他的价格底线。

请问：小 C 为什么要这样做？

实践技能操作

一、见面洽谈模式应对、电话洽谈模式应对、网络洽谈模式应对中英文认知

1. 将英文单词、词组译成中文

（1）business negotiation

（2）export manager

（3）result

（4）name card

（5）mobile phone

（6）long-distance call

（7）dial-in

（8）W/O

（9）Plz

（10）Thx

（11）Ur

（12）Internet

2. 将中文句子译成英文

（1）我的名字叫张晓虎，我是出口部经理。

（2）请约翰逊先生听电话好吗？

（3）我打电话来是想了解付款情况。

（4）你怎么样？我很好，没事。

（5）不知道。

二、审核以下案例,指出其中的错误,并改正

1. 广州和鑫工贸有限公司(Guangzhou Hexin Industrial and Trade Co., Ltd.)的王伟经理接待来访的巴基斯坦 CAENIAT AL SCEHRA TRADING CO. 的 Mohammad 先生。Mohammad 先生对某一款新产品感兴趣,王经理不能马上提供最新产品目录,而且价格要等客户回国后才能提供;Mohammad 先生向王经理反馈巴基斯坦的市场竞争激烈,王经理反应冷淡;王经理对 Mohammad 先生最新经营情况知之甚少;在洽谈过程中,王经理机械应对,洽谈草草收场。

请问:在谈判接待工作中,王伟经理有哪些行为不符合见面洽谈模式的规定? 为什么? 应该如何改正?

2. 上海金雕贸易有限公司(Shanghai Golden Eagle Trading Co., Ltd.)的李伟经理在广交会上认识了美国纽约 UANREST REFT CO. 的 Tony 先生,同时得知 Tony 先生对某款出口产品感兴趣。李伟经理回到上海后,急切想知道 Tony 先生的反馈消息,于北京时间下午3点拨打 Tony 先生的手机,Tony 先生在睡梦中被吵醒,出于礼貌,Tony 先生接听了李伟经理的长途电话。在电话中,李伟经理不断地介绍本企业产品的功能与价格优势,Tony 先生忍不住打断了李伟经理,并挂断了电话。

请问:李伟经理的哪些行为举止不符合电话洽谈模式的规定? 为什么? 应该如何改正?

商务礼品选赠礼仪操作

典型工作任务	1. 商务礼品选择 2. 商务礼品赠送
主要学习目标	1. 熟悉商务礼品分类与赠送对象分类、商务礼品选择的注意事项 2. 熟悉商务礼品赠送方式、商务礼品赠送的注意事项
基础理论知识	1. 白金法则 2. 黄金法则
工作操作技能	能够正确地完成商务礼品选赠礼仪操作,从容得体应对客户

典型工作任务一　商务礼品选择

工作困惑

作为一名外销业务人员,在选择商务礼品时,如何将商务礼品分类? 赠送对象有几种分类? 商务礼品选择的注意事项有哪些?

工作认知

礼品是传达感情的一种载体。"以礼服人""礼多人不怪",这是古老的中国格言。选择一份合适的商务礼品,需要花费一番心思。选择商务礼品不仅是要投其所好,礼品本身更要正式。一份好的礼品会引起许多来自生活、或者生意、或者工作上的共鸣,一份富有意义、品质不凡,却又不显山露水的礼品,更能打动人心,让人备感珍贵。

一、商务礼品分类与赠送对象

商务礼品是我出口企业在对外公关、或举办活动、或与来访客户见面时,为了加强彼此之间的感情、促进业务及形象展示而赠送给对方的纪念性礼品。商务礼品一般会在礼品上带有赠予方的标志或名称等内容。如果能将赠予方的文化融入礼品中,不仅能达到交流感情、巩固双方关系的目的,还可起到传播赠予方形象的作用,对我出口企业来说带来的是品牌的传播影响。

1. 商务礼品分类

（1）常规商务礼品

常规商务礼品是在日常生活中经常见到的用来馈赠的礼品。常规商务礼品种类繁多,价格从便宜到昂贵选择余地较大。

礼仪常识

常规商务礼品一般有高档便签本、名片夹、名片座、笔记本、笔、高档鼠标垫、多功能鼠标、手表、收音机、皮包、皮带、皮夹、匙扣、钥匙包、打火机、领带、邮票册、古玩石雕、印章、钱币册、纯金纯银纪念章(条)、书画篆刻、珠宝玉器、壶杯、保健按摩器材、汽车饰品、化妆品、美容用品、运动休闲用品及各种工艺品、消费卡、陶瓷工艺品、雕刻工艺品、传统工艺品、琉璃工艺品、水晶工艺品、石料工艺品、贝壳工艺品、天然工艺品、泥塑工艺品、宝石玉石工艺品、木制工艺品、树脂工艺品、宗教工艺品、仿古工艺品、金属工艺品、塑料工艺品、丝绸工艺品等。

（2）定制商务礼品

即为企业或个人定制的礼品。企业定制商务礼品是指以企业标志(如商标、名称)、企业文化、企业建筑标志物、企业吉祥物、企业属性、企业领袖、企业产品、商务活动主题等为题材设计的礼品;个人定制商务礼品是指为赠送重要对象,以该对象的名字、生肖、生日、形象、喜好等为特征而特别精选或设计的礼品。

2. 商务礼品的赠送对象分类

（1）男性客户

如果商务礼品的赠送对象是男性客户,应该尽量考虑男性使用的物品,如皮夹、匙扣、钥匙包、打火机、领带、电动剃须刀等。

（2）女性客户

如果商务礼品的赠送对象是女性客户,应该尽量考虑女性使用的物品,如香水、口红、胸针等。

学习案例 6-1

广州某出口企业外销业务员小 A 接待来华访问的美国客户 Smith 夫妇,小 A 为他们准备了商务礼品。请问小 A 应该为他们分别准备哪些商务礼品? 为什么?

二、商务礼品选择的注意事项

1. 选择适合的商务礼品

① 宜选的商务礼品:具有宣传性,能推广、宣传企业形象的商务礼品;具有纪念性,能给

客户留下深刻印象,达到友善、和睦交往目的的商务礼品;具有独特性,人无我有、人有我优的商务礼品;具有时尚性,紧跟时尚、不太落伍的商务礼品;具有便携性,不易碎、不笨重、便于携带的商务礼品。

② 忌选的商务礼品:大额现金、有价证券,金银珠宝、贵重首饰,粗制滥造或过季商品,药品或营养品,违反社会公德和法律规章的物品,涉及黄、赌、毒的物品,有违民族习俗、宗教信仰、生活习惯的物品。

2. 注重商务礼品的包装

包装作为礼品不可缺少的外在形式,已逐渐成为礼品的重要组成部分,可起到美化礼品、增加礼品价值的作用。包装是形式,礼品是内容,二者统一起来,才会产生和谐美。就这点而言,包装与礼品是一体的,而不是附属物。

👀 礼仪常识

精美的包装可以增加礼品的价值。精心的包装还能使人感到情深意长,使对方感觉到他在你心目中的重要地位,从而更能强烈地打动对方的心扉。在欧美国家,有时包装的费用甚至比礼物本身还要贵,花10美元包装一件价值1美元的礼物,这样的事例屡见不鲜。包装的价格已融入整个礼品的价值之中。

👀 礼仪常识

赠送给男性的礼品,包装应该男性化,突出刚劲、粗犷、庄重、大方,具有科学与实用性。包装的色彩可以选择冷色调,如银白、深蓝等,当然喜庆礼品除外;丝带也应该与包装材料协调,上面可附有树叶形饰物等。女性对礼品的包装会欣赏得更仔细些,其心理也更趋于包装设计得柔和、丰富,色彩宜用暖色调,如粉红、橙色等,突出艺术性与流行性。礼品的包装还可配以由丝带扎成的蝴蝶结等。

3. 在商务礼品上不能显示价格标签

如果是从商店购买的商务礼品,商品上不能留有价格标签。商务礼品上留有价格标签是一件很失礼的事情。

✏️ 学习案例 6-2

广东佛山某家具出口企业外销经理B接待来华访问的沙特客户M先生,B为M先生准备了商务礼品,但是在礼品上留下了价格标签。请问B经理的行为是否符合商务礼品的选赠礼仪? 为什么?

三、商务礼品选择常用英文

礼品　　　　　　　　　　gift

商务礼品	commercial present
皮夹	wallet
匙扣	key ring
打火机	lighter
领带	tie
电动剃须刀	electric razor
胸针	brooch
口红	lipstick
包装	packing
标志	logo
精美	exquisite
丝带	ribbon

学习案例 6-3

1. 商务礼品分为常规商务礼品和定制商务礼品。

Commercial gifts can be divided into regular commercial gifts and customized commercial gifts.

2. 如果商务礼品的赠送对象是男性客户,我们应该尽量考虑男性使用的物品,如皮夹、匙扣、钥匙包、打火机、领带、电动剃须刀等。

If we present commercial gifts to male customers, we should try to consider men used items, such as wallet, key ring, lighter, tie, electric razor, etc.

3. 如果商务礼品的赠送对象是女性客户,我们应该尽量考虑女性使用的物品,如香水、口红、胸针等。

If we present commercial gifts to female customers, we should try to consider women used items, such as perfume, lipstick, brooch, etc.

4. 精美的包装还可以增加礼品的价值。

Exquisite packing can also increase the value of the gifts.

5. 包装作为礼品不可缺少的外在形式,已逐渐成为礼品的重要组成部分。

Gift packing which is the integral external form of the gift, has gradually become an important part of the gift.

6. 商务礼品不能在商品上留有价格标签。

The price tags can not be left on the commercial gifts.

典型工作任务二　商务礼品赠送

工作困惑

作为一名外销业务人员,在赠送客户商务礼品时,赠送方式有哪些?注意事项有哪些?

工作认知

我方外销业务人员在完成商务礼品选择后,还应该选择适当的机会将商务礼品赠送给来访客户。

一、商务礼品的赠送方式

1. 主动赠送

主动赠送是指我方陪同人员选择合适时机,主动向客户赠送出商务礼品。主动赠送商务礼品显示了我方对客户的尊重和双方合作的诚意。

2. 被动回赠

被动回赠是指我方陪同人员在收到客户的商务礼品后,根据礼尚往来原则,回赠客户商务礼品。我方陪同人员收到客户赠送的商务礼品之后,一定要回赠客户礼品,否则显得不礼貌。被动回赠体现了我方陪同人员对于客户的感谢,可以增进双方的友谊,增加双方的业务。

学习案例6-4

广州某出口企业外销业务员小A接待来华访问的美国客人Smith夫妇,Smith夫妇主动赠送小A商务礼品。请问小A是否需要回赠商务礼品?为什么?

二、商务礼品赠送的注意事项

1. 商务礼品赠送时机

赠送时机是指将商务礼品赠送给客户的时间与机会。客户在华访问期间,我方陪同人员随时都可以赠送商务礼品,但是如果选择最佳时机送出,会取得意想不到的良好效果。

（1）正式谈判前

在正式谈判前,我方赠送商务礼品可以融洽洽谈气氛,体现我方洽谈的诚意,促进达成交易。

（2）宴会举行中

在宴会中,我方赠送商务礼品可以活跃宴会气氛,对于双方的业务洽谈有间接的推动作用。

（3）客人登机前

在客人登机前,我方赠送商务礼品表示我方真诚地欢送客人,为客人的访问画上圆满的句号。

学习案例 6-5

广东佛山某家具出口企业外销经理 B 接待来华访问的沙特客户 M 先生,B 为 M 先生精心准备了商务礼品。请问 B 可以选择哪些时机送出商务礼品? 为什么?

2. 商务礼品赠送要领

（1）赠送时的表情

当面赠送礼物,我方陪同人员应该起身,用双手捧送,同时双目注视对方,显示我方的诚意。眼睛不能左顾右盼,显得心不在焉,让客户产生不良的感觉。

（2）赠送时的祝福

我方陪同人员在赠送商务礼品时,应该同时送上祝福的话语,表示我方陪同人员对客户的美好祝愿,以及对双方业务顺利开展的祝愿。

礼仪常识

西方人赠送礼品多会附上卡片,表达祝福的心愿。当收到附有卡片的礼品时,应该先读卡片,再拆包装,当场将礼品展示出来。同时表示赞美和感谢,如"非常感谢。这么好的礼物,我会永远珍惜""看到它时,我会永远记起您!"当赠送者受到对方诚恳的感谢时,不宜说"不用谢"之类的谦虚词,应报以微笑,说一句"我真高兴您喜欢它。"如果把礼品原封不动地放在一旁,就意味着对礼品不感兴趣,至少会令赠送者感到冷落。如果收到的是托人送达或邮寄的礼品,应回复名片或亲笔写信表示感谢。

三、商务礼品赠送常用英文

真诚	sincere
祝福	blessing
收下	accept
成功	successful
愉快	happy

卡片	card
小意思	mere trifle

学习案例6-6

1. 这是我们的一点小心意,请收下。

This is a little something for us,please.

2. 区区薄礼,不成敬意,请笑纳。

Mere trifle,do not respect,please take it.

3. 这是我特意为您挑选的。

This is my specially selected for you.

4. 再没有比您的礼物更让我喜欢的了。

You couldn't have given me anything that I would enjoy more.

5. 意料中的礼物固然可喜,而意料之外的礼物更让人喜出望外。

Expected gifts are a pleasure to receive, but unexpected remembrances are an even greater joy.

6. 惠赠商务礼物是我们收到的最佳的礼物,现陈设在壁炉架上最显眼的位置。

The commercial gift you sent to us is one of the most beautiful we received. It now occupies the most prominent place on our mantel.

综合实训

一、实训目的

1. 通过实训,理解并掌握商务礼品的分类与赠送对象、商务礼品选择的注意事项,熟悉商务礼品的赠送方式、商务礼品赠送的注意事项。

2. 通过实训,正确完成商务礼品选赠礼仪操作,从容得体应对客户。

二、实训内容

围绕商务礼品选赠礼仪,通过实训,全面掌握商务礼品选择、商务礼品赠送等相关知识,并具备扎实的理论基础与职业能力。根据认知规律,实训分为基础理论知识部分与实践技能操作部分。

基础理论知识

一、模块核心概念

1. 商务礼品

2. 常规商务礼品

3. 企业定制商务礼品

4. 主动赠送

习题自测

5. 被动回赠

6. 赠送时机

7. 个人定制商务礼品

二、单项选择题

1. (　　)不属于常规商务礼品。

　　A. 皮包、皮带、皮夹

　　B. 水晶工艺品、石料工艺品、贝壳工艺品

　　C. 天然工艺品、泥塑工艺品、宝石玉石工艺品

　　D. 带有企业标志的名片夹

2. (　　)属于赠送男性客户的商务礼品。

　　A. 香水　　　　　　　　　B. 电动剃须刀

　　C. 口红　　　　　　　　　D. 胸针

3. (　　)属于赠送女性客户的商务礼品。

　　A. 打火机　　　　　　　　B. 领带

　　C. 胸针　　　　　　　　　D. 电动剃须刀

4. 在与客户交往中,适宜选择的商务礼品是(　　)。

　　A. 推广宣传企业形象的物品

　　B. 违反社会公德和法律规章的物品

　　C. 涉及黄、赌、毒的物品

　　D. 有违民族习俗、宗教信仰、生活习惯的物品

5. 女性心理更趋向于包装设计的柔和、丰富,色彩宜用暖色调,如(　　),突出艺术性与流行性。

　　A. 粉红

　　B. 黑色

　　C. 白色

　　D. 银色

6. 在(　　)情况下,我方赠送商务礼品,可体现我方洽谈的诚意,融洽洽谈气氛,促进达成交易。

　　A. 宴会举行中

　　B. 客户登机前

　　C. 正式谈判前

　　D. 客户下飞机后

7. 在(　　)情况下,我方赠送商务礼品表示我方真诚地欢送客户,为客户的访问画上圆满的句号。

　　A. 宴会举行中

　　B. 客户登机前

　　C. 正式谈判前

　　D. 客户下飞机后

8. 我方陪同人员在赠送商务礼品时,应该同时(   ),表示我方陪同人员对于客户的美好祝愿,以及对双方业务顺利开展的祝愿。

    A. 握手

    B. 微笑

    C. 送上祝福的话语

    D. 拥抱

9. 西方人送礼多会附上(   ),表达祝福的心愿。

    A. 卡片

    B. 名片

    C. 价格单

    D. 亲笔信

10. 在与客户交往中,不适宜选择的商务礼品是(   )。

    A. 推广、宣传企业形象的礼品

    B. 达到友善、和睦交往目的的礼品

    C. 粗制滥造或过季商品

    D. 不易碎、不笨重,便于携带的礼品

三、多项选择题

1. 如果商务礼品的赠送对象是男性客户,我们应该尽量考虑男性使用的物品,如(   )等。

    A. 电动剃须刀

    B. 领带

    C. 打火机

    D. 香水

    E. 钥匙包

    F. 匙扣

    G. 口红

    H. 皮夹

2. 商务礼品选择时,忌选的商务礼品有(   )。

    A. 粗制滥造或过季商品

    B. 有违民族习俗、宗教信仰、生活习惯的物品

    C. 药品或营养品

    D. 涉及黄、赌、毒的物品

3. 赠送给男性的礼品,包装应该做到(   )。

    A. 男性化,突出刚劲、粗犷、庄重、大方

    B. 色彩可选冷色调,如银白、深蓝等

    C. 丝带应与包装材料协调,上面可附有树叶形饰物

    D. 设计得柔和、丰富,色彩宜用暖色

    E. 可配以由丝带扎成的蝴蝶结

4. 商务礼品最佳赠送时机是(　　　　　)。

    A. 客户晚上休息前

    B. 客户登机前

    C. 正式谈判前

    D. 客户下飞机后

    E. 宴会举行中

5. 商务礼品赠送时我方陪同人员的注意事项有(　　　　　　)。

    A. 当面赠送礼物时,应起身

    B. 应用双手捧送

    C. 在赠送商务礼品时,应该同时送上祝福的话语,以表示对客人的美好祝愿,以及对双方业务顺利开展的祝愿

    D. 应双目注视对方,以显示我方的诚意

    E. 不应双目注视对方,以显示我方的诚意

四、判断题

1. 常规商务礼品是指以企业标志(如商标、名称)、企业文化、企业建筑标志物、企业吉祥物、企业属性、企业领袖、企业产品、商务活动主题等为题材设计的礼品。　　　　(　　)

2. 如果商务礼品的赠送对象是男性客户,我们应该尽量考虑女性使用的物品,如皮夹、匙扣、钥匙包、打火机、领带、电动剃须刀等。　　　　(　　)

3. 宜选的商务礼品应该具有宣传性,能推广、宣传企业形象的商务礼品。　　　　(　　)

4. 药品或营养品可成为常规商务礼品。　　　　(　　)

5. 包装作为礼品不可缺少的外在形式,已逐渐成为礼品的重要组成部分,可起到美化礼品、增加礼品价值的作用。　　　　(　　)

6. 男性对礼品的包装会欣赏得更仔细些,男性心理也更趋于包装设计得柔和、丰富,色彩宜用暖色,如粉红、橙色等,突出艺术性与流行性。　　　　(　　)

7. 我方陪同人员收到客户赠送的商务礼品之后,可以不回赠客户商务礼品。　　　　(　　)

8. 客户在华访问期间,我方陪同人员随时都可以赠送出商务礼品。但是如果我方选择最佳时机送出商务礼品,会取得意想不到的良好效果。　　　　(　　)

9. 在宴会中,我方赠送商务礼品可以活跃宴会气氛,对于双方的业务洽谈有间接的推动作用。　　　　(　　)

10. 西方人赠送礼品多会附上卡片,表达祝福的心愿。当收到附有卡片的礼物时,应该先拆礼物,再读卡片。　　　　(　　)

五、案例分析

1. 深圳某出口企业外销女业务员小 B 接待来访的沙特客户 W 先生,小 B 为客人 W 先生准备了商务礼品。

请问:小 B 选择常规商务礼品还是定制商务礼品?为什么?

2. 广州某出口企业外销业务员小 C 接待来访的美国客人,小 C 计划在客人到达白云机场时赠送出商务礼品。

请问:小 C 的安排是否符合商务礼品选赠礼仪?为什么?

实践技能操作

一、商务礼品选择、商务礼品赠送中英文认知

1. 将英文单词、词组译成中文

（1）commercial presents

（2）lighter

（3）packing

（4）key ring

（5）lipstick

（6）tie

（7）electric razor

（8）exquisite

（9）mere trifle

（10）card

（11）blessing

2. 将句子译成英文

（1）如果商务礼品的赠送对象是男性客户，我们应该尽量考虑男性使用的物品，如皮夹、匙扣、钥匙包、打火机、领带、电动剃须刀等。

（2）惠赠商务礼物是我们收到的最佳的礼物，现陈设在壁炉架上最显眼的位置。

（3）商务礼品不能在商品上留有价格标签。

二、审核以下案例，指出其中的错误，并改正

1. 广州和鑫工贸有限公司（Guangzhou Hexin Industrial and Trade Co.,Ltd.）的王伟经理接待来访的巴基斯坦 CAENIAT AL SCEHRA TRADING CO. 的 Mohammad 先生。王伟经理专门为 Mohammad 先生准备了一份营养品作为商务礼品，在营养品上留有价格标签，并且用粉红色的包装纸包装了商务礼品。

请问：王伟经理在接待工作中，有哪些行为不符合商务礼品选赠礼仪的规定？为什么？应该如何改正？

2. 上海金雕贸易有限公司（Shanghai Golden Eagle Trading Co.,Ltd.）的李伟经理接待来访的美国 UANREST REFT CO. 的以 Tony 先生为领队的贸易代表团。李伟经理在客人入住酒店时赠送客人商务礼品；在赠送时单手送出，并且左顾右盼。

请问：在谈判接待工作中，李伟经理有哪些行为举止不符合商务礼品选赠的规定？为什么？应该如何改正？

模块七

观光购物礼仪操作

典型工作任务	1. 自然景观游览 2. 人文景观游览 3. 步行街游览 4. 礼物购买
主要学习目标	1. 掌握自然景观的含义、分类、选择原则、游览注意事项和特殊情况处理 2. 掌握人文景观的含义、分类、选择原则、游览注意事项和特殊情况处理 3. 掌握步行街的含义、主要步行街的介绍、游览策略和特殊情况处理 4. 掌握礼物的含义、分类、各国客人选择礼物的特点和陪同客人选择礼物的注意事项
基础理论知识	1. 白金法则 2. 黄金法则
工作操作技能	能够正确地完成观光购物礼仪操作,从容得体应对客户

典型工作任务一 自然景观游览

工作困惑

作为一名外销业务人员,如何根据客户需求选择自然景观? 自然景观的选择原则有哪些? 自然景观游览过程中的注意事项有哪些? 发生特殊情况应该如何处理?

工作认知

一、自然景观的选择

我方外销业务人员陪同客户游览时,由于客户的喜好或客观条件限制,往往会选择自然景观作为游览对象。

1. 自然景观的含义

自然景观是指大自然赋予地理区域的能使人产生美感的自然环境及其景象的地域组合。但是，自然景观必须经过人为的开发、建筑旅游设施以后，才能成为旅游资源。

2. 自然景观的分类

（1）地文景观旅游资源

在自然环境的影响下，地球内力和外力共同作用形成地文景观旅游资源。地表上各种地文景观的形成和演变，直接受地层和岩石、地质构造、地质动力等因素的影响与控制。它包括五小类。

① 山岳名胜。

山岳名胜主要包括风景名山、历史文化名山和冰雪山峰。

👀 礼仪常识

中国的五岳名山：东岳山东泰山（五岳独尊，四大奇观：旭日东升、晚霞夕照、黄河金带、云海玉盘）、西岳陕西华山（五岳最高，华山天下险）、北岳山西恒山（道教圣地）、中岳河南嵩山（少林寺所在地），南岳湖南衡山（五岳独秀）。

中国四大佛教名山：山西五台山（文殊菩萨道场，有"清凉佛国"之称）、四川峨眉山（普贤菩萨道场，三大奇观：日出、云海、佛光，自古有"峨眉天下秀""雄秀西南"的美称）、安徽九华山（地藏菩萨道场，称"莲花佛国""佛国仙城"）、浙江普陀山（观音菩萨道场，称"海天佛国"）。

中国四大道教名山：湖北武当山（道教第一名山）、四川青城山（有"青城天下幽"的美誉）、安徽齐云山（乾隆誉为"江南第一名山"）、江西龙虎山（道教正一派发源地）。

还有闻名于天下的山东崂山（道教名山），安徽黄山（四绝：奇松、怪石、温泉、云海）和天柱山，浙江雁荡山（东南第一山、有"寰中绝胜"之称）、天台山（佛教天台宗发源地）和天目山，江苏镇江三山（金山、焦山、北固山），福建武夷山（"三三秀水清为玉，六六奇峰翠插天"），江西著名避暑胜地庐山（四大奇观：瀑布、奇峰、云海、植被）、鄱阳口锁湖插江的石钟山、革命根据地井冈山，湖北"神农架"，湖南武陵源风景名胜区（包括张家界、索西峪、天子山）、岳麓山（岳麓书院，为中国宋代四大书院之一）和毛泽东故乡韶山；四川乐山（乐山大佛），重庆缙云山，贵州梵净山，广西桂林山水，广东四大名山丹霞山（中国红石公园）、西樵山、鼎湖山（有"北回归线绿宝石"之称）和罗浮山，海南省五指山，台湾阿里山，吉林长白山，辽宁千山和医巫闾山，天津盘山（京东第一名山），世界最高峰——珠穆朗玛峰等。

国外著名的山有日本富士山、韩国雪岳山、德国黑林山、希腊奥林匹斯山、非洲屋脊——乞力马扎罗山、欧洲阿尔卑斯山、美国落基山等。

黄山锁

张家界奇山怪石

② 喀斯特地貌景观。

我国的喀斯特地貌分布广泛，为我国的旅游业带来了无限生机，并且类型多样，也是进行科学研究的宝贵财富。

③ 风蚀、风沙景观。

风蚀、风沙景观包括风蚀地貌和风沙地貌。前者包括风蚀柱、风蚀蘑菇、风蚀垄槽、风蚀城堡等，如新疆乌尔禾的风蚀"魔鬼城"、罗布泊的雅丹地貌；后者指风沙堆积作用形成的沙丘和戈壁，如中国敦煌月牙泉的鸣沙山、宁夏中卫的沙坡头都有鸣沙现象。还有一些"新月形"沙丘、"金字塔形"沙丘等，景色也很壮观，如我国的塔克拉玛干沙漠和巴丹吉林沙漠均有大量"新月形"沙丘、"金字塔形"沙丘分布。世界上著名的风沙地貌景观有非洲的撒哈拉沙漠、美国的"彩色沙漠"等。

④ 海岸地貌景观。

包括海蚀地貌、海积地貌、岩石海岸、沙质海岸、红树林海岸、珊瑚礁海岸等多种形态。蓝天碧水、金沙细浪、日出夕照，还有一些海上蜃景相映成趣。中国的海岸旅游资源丰富。

礼仪常识

我国著名的海岸景观有河北昌黎黄金海岸、山东青岛海岸、江苏连云港和浙江舟山、福建平潭岛和厦门鼓浪屿、海南三亚天涯海角、台湾清水断崖、广西红树林海岸等。世界著名的海岸景观有南非好望角、挪威西海岸的峡湾风光、泰国普吉岛、法国科西嘉岛、澳大利亚大堡礁等。

河北昌黎黄金海岸

⑤ 特异地貌景观。

世界上较为罕见的地貌景观，如澳大利亚艾尔斯巨石，美国科罗拉多大峡谷，中国贵州以地缝、天坑、峰林三绝著称的马岭河地缝裂谷景观、黑龙江以石龙石海和火山口为特色的五大连池火山熔岩景观、福建鸳鸯溪白水洋水下石板广场、云南元谋土林等。

学习案例 7-1

上海某出口企业外销业务员小H的东南亚客户王先生是一名虔诚的佛教徒,在访问上海期间双方订立合同后,小H征询王先生的意见,问他想游览什么风景。王先生提出想游览宗教山岳名胜。请问小H应该向王先生推荐哪些景点? 为什么?

（2）水域风光旅游资源

水域景观是大自然风景的重要组成部分,是"灵气"之所在。江河、湖海、飞瀑流泉、冰山雪峰不仅可独自成景,更能点缀周围的景观,使得山依水而活,天得水而秀,水域风光动中有静、静中有动。它有下列几类。

① 江河溪涧。

江河溪涧包括大江大河及其冲积而成的著名峡谷。

礼仪常识

著名的江河景观有长江三峡（瞿塘峡、巫峡、西陵峡）、长江第一湾——虎跳峡、世界第一大峡谷（最深最长）——雅鲁藏布江大峡谷、世界第一长河——尼罗河、风景画廊——欧洲"蓝色多瑙河"、俄罗斯的母亲河——伏尔加河等，还包括一些河川清流，如广西的漓江风光（山青、水秀、洞奇、石美）、美丽的富春江—新安江等。另外有山洞溪流风景，如福建武夷山九曲溪，堪称"三三秀水清如玉"，湘西张家界山水的灵魂——金鞭溪，还有大宁河小三峡、福建鸳鸯溪、湖北神农溪等许多著名溪流景观。

② 湖泊水库。

湖泊是自然形成，水库是在自然河流或湖泊基础上人工修成的。

礼仪常识

著名的天然湖泊有"水天一色，风月无边"的洞庭湖、水光潋滟"欲把西湖比西子"的杭州西湖、云南昆明滇池和大理洱海（构造湖）、中国最大火山堰塞湖——黑龙江镜泊湖（火山湖）、王母瑶池仙境——新疆天山天池（冰成湖）、旷秀太湖（泻湖）、长白山天池（火山湖）、中国第一大湖——青海湖（构造湖）、中国第一大淡水湖——鄱阳湖（构造湖）、甘肃敦煌月牙泉（风蚀湖）。世界最大的咸水湖——里海、世界最深的湖——俄罗斯贝加尔湖、世界最大的淡水湖群——北美洲五大湖（苏必利尔湖、密歇根湖、休伦湖、伊利湖、安大略湖）、世界第一低地——约旦和以色列交界的死海、瑞士日内瓦湖、英国尼斯湖等。

中国著名的人工湖——水库有新安江水库（浙江千岛湖）、甘肃刘家峡水库、江汉牡丹江水库、吉林松花湖、河北迁西潘家口水库（蟠龙湖），长江三峡水电站是中国最大的人工湖。世界上著名的人工湖有埃及纳赛尔湖、俄罗斯古比雪夫水库、巴西与巴拉圭合建的伊泰普水库等。

③ 飞瀑流泉。

从陡坎和悬崖倾泻下来的水流称为瀑布。

礼仪常识

中国著名的瀑布景观有中国三大著名瀑布，即贵州黄果树瀑布（岩溶型瀑布）、黄河壶口瀑布（差别侵蚀型瀑布）、黑龙江吊水楼瀑布（火山熔岩瀑布），还有著名的"飞流直下三千尺"的庐山香炉瀑布（构造性瀑布）、庐山三叠泉瀑布和开先瀑布、四川九寨沟瀑布群、湖南衡山水帘洞、江苏连云港云台山水帘洞、湖北神农架水帘洞、河南桐柏山水帘洞、福建武夷山水帘洞等。世界著名的瀑布景观有世界三大瀑布，即非洲维多利亚瀑布、南美伊瓜苏瀑布和北美尼亚加拉瀑布，世界落差最大的瀑布——南美洲安赫尔瀑布等。

中国名泉主要有七大泡茶泉，即镇江中冷泉、无锡惠山泉（天下第二泉）、杭州虎跑泉、上饶陆羽泉、扬州瘦西湖泉、庐山招引泉、怀远白乳泉;具有医疗保健价值的有湖南安宁"天下第一汤"、安徽黄山汤泉、广东从化温泉、陕西临潼华清池、重庆南北温泉、东北五大连池药泉;具有酿造功能的有青岛崂山神水泉(青岛啤酒)、四川"金鱼泉"(五粮液)、贵州赤水河畔清泉(茅台酒);具有观赏价值的有被乾隆御封为"天下第一泉"的济南趵突泉(济南被称为泉城)、四川广元缩水洞含羞泉、云南大理蝴蝶泉、湖南嘉禾珍珠泉、河北野三坡鱼泉等。世界著名的泉有美国黄石公园的间歇喷泉(老实泉)。

④ 冰川景观。

冰川景观主要是指高山和高纬地区的具有特殊形态特征和地貌景观特征的水域风光资源。

礼仪常识

著名的冰川景观有中国的珠穆朗玛峰冰川、天山一号冰川、四川海螺沟冰川和雪宝鼎、嘉峪关祁连山七一冰川,以及世界上著名的勃朗峰、乞力马扎罗山、富士山、北极冰川、南极冰川等。冰川景观旅游资源主要以高大大山体为依存条件,所以较高大的山脉一般成为冰川景观旅游的首选。

⑤ 风景海域。

风景海域主要是指与海岸和海岛合为一体的复合景观,包括海潮、海啸、海风、海市蜃楼等。

礼仪常识

我国著名的海域风景有"壮观天下无"的钱塘江大潮,具有"东方夏威夷"之称的海南三亚亚龙湾,具有迷人风的"夏都"北戴河光。世界上著名的风景海域有美国夏威夷瓦湖岛华基基海滩,以"沙滩、浪花、排排棕榈树"著称;地中海各段分别以"天蓝色海岸""绿宝石海岸""金色海岸""太阳海岸""光明海岸"等美丽的名字闻名遐迩,如西班牙著名的"太阳海岸"以阳光闻名。

学习案例 7-2

杭州某家具出口企业外销经理 D 与他的阿联酋客户 K 先生完成业务洽谈后,来自沙漠地区的 K 先生提出想游览水域风光景点,D 可以推荐哪些游览景点?为什么?

(3)生物景观旅游资源

生物的存在使世界变得精彩,各种动植物使地球表面生机勃勃。各种动植物让人类得到赏心悦目的感受,也有很多具有宝贵的科学研究价值、美化和净化环境的作用。生物景观大致分为以下5类。

① 森林景观。

森林景观是指具有独特的美学价值和功能的野生、原生以及人工森林。森林景观可以开展探险、探奇、探幽、科学考察、疗养、健身、生态旅游和野生动植物标本采集等旅游项目。

礼仪常识

　　中国森林旅游资源主要有湖南张家界国家森林公园(中国第一个国家森林公园)、云南西双版纳原始森林景观("植物王国"和"动物王国")、东北长白山原始森林(温带生物自由基因库、红松之乡)、广东肇庆鼎湖山亚热带季风常绿阔叶林(北回归线上的绿宝石)、安徽金寨县天堂寨国家森林公园(中华植物王国之最)、广西合浦县东南部山口红树林景观、四川长宁和江安之间的"蜀南竹海"、浙江"安吉竹海"、湖南"益阳竹海"等。世界主要森林景观有欧洲北部的"亚寒带针叶林"(世界最大针叶林)、南美洲亚马逊河流域和非洲刚果河流域的热带雨林、地中海沿岸的亚热带常绿林等。此外,还有有"锯木场"之称的瑞典、有"森林之国"之称的芬兰。

　　② 草原景观。

　　草原景观主要指大面积的草原和牧场形成的植被景观。

　　中国著名的草原景观资源主要有内蒙古锡林郭勒草原,是世界著名的天然草原;新疆巴音布鲁克草原,是中国第二大草原;甘肃夏河草原。世界主要的草原景观有澳大利亚中西部大草原、阿根廷潘帕斯大草原、非洲热带稀树草原。

河北坝上草原

　　③ 古树名木。

　　古树名木主要是指以单体形式存在的古老名贵的树木。

　　中国名木主要有世界植物活化石水杉、银杏、鹅掌楸、珙桐等,黄山四绝之首的黄山迎客松,陕西黄帝陵已经有5 000年的历史、堪称"世界柏树之父"的"轩辕柏",山东孔庙2 000多岁的"孔子桧",泰山"五大夫松"等。

　　④ 奇花异草。

　　奇花异草是指珍稀花卉和草类。

礼仪常识

古人给名花奇草起了许多优雅的名字："岁寒三友"松、竹、梅,"四君子"梅、兰、竹、菊,"花草四雅"兰、菊、水仙、菖蒲,"园中三杰"玫瑰、蔷薇和月季,"花中四友"山茶花、梅花、水仙、迎春花。中国十大名花:"花王"牡丹,"花相"芍药,"花后"月季,"空谷佳人"兰花,"花中君子"荷花,"花中隐士"菊花,"空中高士"梅花,"花中仙女"海棠花,"花中妃子"山茶花,"凌波仙子"水仙花。中国主要观花之地有赏梅胜地苏州吴县,牡丹"甲天下"的洛阳,杭州玉帛玉兰林,奇花异卉大观园云南,中国最大杜鹃花观赏胜地贵州"百里杜鹃"林,"百里花市"看水仙的福建漳州,此外还有琼花扬州、菊花中山、桃花桃源等。世界著名花卉有日本樱花、荷兰郁金香等。

⑤ 珍禽异兽及栖息地。

珍禽异兽是指现存数量较少或濒于灭绝的珍贵稀有动物。栖息地是保护珍稀动物的自然保护区。

礼仪常识

我国著名的珍稀动物自然保护区有:中国国宝大熊猫及其故乡四川卧龙自然保护区,中国特有的金丝猴及四川九寨白河自然保护区,被称为"长江里的大熊猫"长江白鳍豚自然保护区,"世界屋脊之鹿"白唇鹿自然保护区,东方宝石朱鹮(红鹤)栖息地陕西洋县自然保护区,东北虎栖息地长白山自然保护区,丹顶鹤栖息地广东鼎湖山自然保护区,青海湖鸟岛自然保护区,保护藏羚羊、野牦牛等蹄类动物的阿尔金山自然保护区,还有辽宁老铁山蛇岛、海南猴岛等珍稀动物栖息地。世界上珍稀动物及栖息地有:澳大利亚大陆特有动物鸭嘴兽、袋鼠、考拉(树袋熊)、鸸鹋(澳洲鸵鸟),尼泊尔奇特万皇家公园是孟加拉虎最后的避难所和亚洲独角犀牛的栖息地,非洲卡拉哈里羚羊国家公园是世界著名的羚羊保护区,还有南极大陆的"主人"——企鹅。

(4)气候天象旅游资源

由千变万化的气象景观、天气现象,以及不同地区的气候资源与岩石圈、水圈、生物圈旅游资源景观相结合,再加上人文景观旅游资源的点缀,就构成了丰富多彩的气候天象旅游资源。其中既有长时间保持的大气物理状况,如宜人的气候资源,也有美丽的高山冰雪景观,还有短时间的气象景观,如经常发生的雨景、云雾景、冰雪景、明月、日出、云霞和偶然发生的佛光、海市蜃楼、雾凇、雨凇等。

① 气候。

宜人气候,人们可以用来避暑或避寒,并能够满足身心需要,使心情愉悦、体魄健康。避寒气候,冬季人们多去热带和亚热带的海洋地区避寒,很多热带、亚热带沿海城市成为著名的避寒胜地,如美洲西印度群岛的巴巴多斯、非洲的佛得角群岛、中美洲的尼加拉瓜、亚洲巴基斯坦、马来西亚、新加坡、泰国及中国的海南省、澳大利亚的悉尼海滨、美国的夏威夷群岛等。避暑气候,夏季人们多去温带或寒带海洋地区避暑,如我国的承德、大连和青岛等地。阳光资源,如地中海沿岸国家充分利用阳光和海水,建设海滨浴场,最著名的是濒临地中海沿岸的西班牙,晴天多、阳光和煦、沙滩柔软,海水蔚蓝,适于开发海水浴和日光浴。此外,还有四季如春的迷人气候,如中国云南的昆明堪称"春城"。

② 大气降水景观。

主要由于大气降水形成的雨景、雾景、冰雪等。

礼仪常识

中国著名雨景有:蓬莱十景之一的"露天银雨"、潇湘八景之一的"潇湘烟雨"、羊城八景之一的"双桥烟雨"、重庆著名的"巴山夜雨"。云雾景观有:中国长江流域四大云海,有"黄山云海""庐山云海""峨眉云海""衡山云海",此外还有壮观的"泰山云海"。冰雪奇观有:北京的"西山晴雪"、太白山的"太白积雪"、杭州的"断桥残雪"、长沙的"江天暮雪"、台湾的"玉山积雪"、九华山的"平冈积雪",以及东北的"林海雪原"。此外"冰城"哈尔滨的"冰雪节",吉林的冰雪景观都闻名世界。雾凇和雨凇属于冰雪景观,雾凇就是树挂,著名的吉林雾凇与桂林山水、三峡风光、云南石林并称中国四大自然奇观。

③ 天象奇观。

天象奇观一般具有偶然的、神秘的、独特的特征,如极光、佛光、海市蜃楼等。

礼仪常识

极光:太阳带电粒子从高纬度地区进入地球大气层,受磁场影响形成的色彩艳丽的发光现象,形状多样,千姿百态,在高空 5～10 千米亮度最强。北半球有一个极光带,利于观测极光,它通过美国阿拉斯加州北部、加拿大北部、冰岛南部、挪威北部和新地岛南部,每年约有240 天可见极光。中国东北的漠河和新疆的阿尔泰,每年可见一次极光。

3. 自然景观的选择原则

（1）就近原则

当客户提出游览自然景观时,我方外销业务人员必须考虑到自然景观一般都远离都市,开车前往要花费一定时间。我方陪同人员必须选择最靠近所在城市的自然景观,便于客户前往。

（2）满足原则

客户来我国访问的主要目的是业务洽谈,自然景观游览往往是附加节目,游览时间最多安排一天或半天。这要求我方外销业务人员在安排自然景观游览时,要做到行程紧凑,让客户通过游览增长阅历,得到收获与满足。

（3）典型原则

在选择自然景观时,在有多个选择的情况下,一般要向客户——解释,根据客户的需要,帮助客户选择最具有典型性、代表性的游览景点。

二、自然景观的游览注意事项

1. 外销业务人员熟悉景点介绍

在陪同客户前往景点游览时,为了增进与客户的友谊与感情,往往不另外聘请导游人员,这就要求我方外销业务人员熟悉景点的背景资料,同时做好中、英文介绍,便于客户在游览中了解自然景观,留下深刻的回忆。

2. 建议客户不要穿皮鞋、裙子

在选择爬山或海边游览时,一定要提醒客户最好不要穿皮鞋,以防脚扭伤,尽量穿旅游鞋或布鞋。另外爬山过程会碰到岩石、树枝等,建议女士尽量避免穿裙子。

3. 注意携带雨具

选择爬山或海边游览时,气候往往多变,经常会下雨。一定要随身携带雨具,避免客户淋雨,感冒发烧。

4. 必须携带心脏病、高血压等突发性疾病急救药品

自然景观往往远离都市,缺乏急救设施设备,为应对客户心脏病、高血压等突发性疾病发作,我方外销业务人员要随身携带急救药品,以便对客户进行紧急抢救。

5. 防止山火

景点内除规定地点外,一般都禁止吸烟,尤其是干燥季节,随地吸烟非常容易引起山火。我方外销业务人员应该委婉提醒客户,并得到客户的谅解。

6. 调节客人体力

登山等自然景观游览,非常消耗体力。这就要求我方外销业务人员随时注意客户的体力状况,量力而行,调节休息频率。对个别年长客户,需要我方人员提前备好拐杖,协助客户完成游览。

7. 个人形象

游山玩水时服饰可舒适自然,运动装、休闲装皆可,但不要赤身露体,有碍观瞻。到少数民族地区旅游,在领略独特的民族风情的同时,所到之处要入乡随俗,委婉地提醒客户尊重当地风俗习惯和一些宗教戒规,否则可能会因小事而酿成大错。

8. 提醒、协助客户照相留念

外销业务人员要注意携带照相、摄像器材,在具有代表性的景点提议客户照相留念,也可以适当与客户合影,一起留下美好的回忆,便于增进与客户的感情,促成生意合作。

学习案例 7-3

广州某出口企业外销业务员小 A 与美国客人 Smith 先生及其夫人一起游览广东肇庆鼎湖山,Smith 先生的夫人穿着高跟皮鞋。请问小 A 应该做哪些提醒? 为什么?

三、自然景观游览的特殊情况处理

1. 客人突然身体不适情况的处理

在游览过程中,如遇客人突然身体不适,或者心脏病、高血压急性发作,应该马上与景点工作人员取得联系,安排医护工作者实施紧急抢救。条件允许的话,应该拨打 110,尽快送客人前往正规医院做进一步的抢救。

2. 客人钱财遗失情况的处理

在游览过程中,若客人护照、钱包不慎遗失,应该第一时间陪同客人前往公安机关报警,做好护照与签证的补办工作。

3. 气候突然变化情况的处理

在游览过程中,有时会遇到气候突然变化,如狂风暴雨、洪水、火灾等自然灾害,应该与景区专业人士商量,做出是否终止游览计划的评估。

四、自然景观游览常用英文

自然景观	natural landscape
山岳名胜	mountain scenic spots
海滩	beach
长江三峡	The Yangtze River Three Gorges
湖泊	lake
水库	reservoir
瀑布	waterfall
泉水	spring water/fountain
生物	biology
森林	forest
草原	prairie
古树	old tree/ancient tree
奇花异草	exotic flowers and rare herbs
海市蜃楼	mirage
泰山	Mount Tai
西湖	West Lake

🖊 学习案例 7-4

1. 你喜欢游览山岳还是海滨度假?

Would you like to visit the mountains or to spend a vacation at the beach?

2. 黄山高耸在安徽省的南部,高达1 680米。在古代,黄色是中国帝王的颜色,黄山因此而得名。

Mount Huang towers to the height of 1,680 meters in the south of Anhui Province. In the ancient times, yellow was Chinese Imperial color, so it got its name.

3. 肇庆七星岩景区由五湖、六岗、七岩、八洞组成。湖中有山,山中有洞,洞中有河。

Zhaoqing Seven-star-cave scenic area is composed of five lakes, six hills, seven rocks and eight holes. There are many hills in the lake, many holes in the hill, rivers in the hole.

4. 大熊猫是中国的稀有动物。它的故乡在四川,以竹子为食。

The giant panda is a rare animal in China. Sichuan Province is its hometown, and panda lives on bamboo.

典型工作任务二　人文景观游览

📖 工作困惑

作为一名外销业务人员,如何根据客人需求选择人文景观?人文景观的选择原则有哪些?人文景观游览过程中的注意事项有哪些?发生特殊情况应该如何处理?

📖 工作认知

一、人文景观的选择

1. 人文景观的含义

人文景观,又称文化景观,是人们在日常生活中为了满足物质和精神等方面的一些需要,在自然景观的基础上,叠加了文化特质而构成的景观。人文景观最主要的体现是聚落,其次还有服饰、建筑、音乐等。而建筑方面的特色表现为城堡、宫殿,以及各类宗教建筑景观等,如伊斯兰教建筑景观、佛教建筑景观等。

2. 人文景观的分类

（1）历史古迹景观

历史古迹是指人类社会历史发展过程中留存下来的活动遗址、遗迹、遗物及遗风等,遗存形式和表现内容十分丰富。狭义的历史古迹景观主要包括人类历史文化遗址、古代建筑、古代陵寝和历史文物。

① 人类历史文化遗址。

人类历史文化遗址包括古人类文化遗址、社会历史文化遗址、名人故居活动遗址和革命遗址及革命纪念地。

礼仪常识

古人类文化遗址包括旧石器时代古人类文化遗址和新石器时代古人类文化遗址(母系氏族公社遗址、父系氏族公社遗址)。名人故居和活动遗址在我国保存较好的多为近代时期即1840年鸦片战争以来的历史名人故居和活动遗址,主要分布在我国东部地区。革命遗址及革命纪念地,按照时代可以分为旧民主主义革命时期纪念地、辛亥革命时期纪念地、北伐战争时期纪念地、土地革命时期纪念地、抗日战争时期纪念地和解放战争时期纪念地等。

② 古代建筑。

中国古代建筑遗存十分丰富,类型多样,主要包括以下类型:宫殿衙署建筑、坛庙祠堂建筑、会馆建筑、楼阁建筑、亭台建筑、军事防御工程、古代桥梁、古代水利工程、古代民居建筑、官学书院建筑。

广州陈家祠

礼仪常识

我国目前保存较好的宫殿建筑主要有北京故宫、沈阳故宫和拉萨布达拉宫。中国的宫殿建筑辉煌灿烂,文化价值无与伦比,在世界上享有崇高的声誉。北京故宫和沈阳故宫是中国宫殿最杰出的代表。1987年,北京故宫被联合国教科文组织列入《世界遗产名录》;2004年,沈阳故宫作为明清故宫的扩展项目也被列入《世界遗产名录》。

礼仪常识

中国古代传统文化思想中,形成了一整套宗法礼制思想,其中包含着浓重的对祖先的崇敬,对土地、粮食、天地、日月的崇拜,对各种文神、武神,以及其他各种神的尊敬。为了寄托这种崇敬和感恩的心情,产生、形成了许多用来祭祀天地鬼神、山川河岳、祖宗英烈、圣哲先贤等的坛庙建筑,也称为礼制建筑。礼制礼仪建筑主要有这几种类型。①祖庙与社稷坛。北京太庙位于天安门左侧,是我国唯一保存下来的太庙建筑,过去是明清两代帝王行祭祀祖宗之礼的地方,与宫殿同为级别最高的古代建筑。北京社稷坛位于天安门右侧,是明清两代帝王祭祀土地神和粮食神的地方,祈求全国风调雨顺、五谷丰登。②天、地等坛,是历代帝王登基后祭祀天、地、日、月、山神等的重要活动场所。因为君权受命于天,秉承"天意"治理国家,所以皇帝必须亲自去天坛祭天。著名的有北京的天坛、地坛、日坛、月坛、东岳庙、西岳庙,山东泰安岱庙等。③奉祀人文始祖、圣人先贤的庙,是人们祭祀传说中的人文始祖或早期帝王的庙宇,如黄帝庙、炎帝庙、伏羲庙、尧庙、舜庙、禹庙等。④家族宗祠。宗祠为一族一姓祭祀祖先的建筑,过去几乎遍布城乡各地。特别是一些显贵世家大族奉祀祖先的宗祠,往往规模很大,装饰精巧,华丽富贵,成为地方上最突出的建筑。典型代表有安徽绩溪县龙川胡氏宗祠和广州陈家祠。⑤祭祀民间神的庙,如城隍庙、龙王庙、关帝庙、妈祖庙等。

礼仪常识

会馆是中国古建筑中具有特殊用途的一种类型。它源于汉代的邸舍,其修建是为了某一省、一州、一府、一县或几个省县,或某些地区的同乡、同业、同行的人们能够在外省外地相互联系,沟通信息,以保护本集团的利益。会馆是带有商业性质的公共建筑,富商巨贾为了显示富裕和行业兴盛,不惜巨资,广招各地能工巧匠,将会馆修建得富丽堂皇。会馆的各类雕刻文饰繁复,雕工精美,色彩华丽。著名的会馆有四川自贡西秦会馆、天津广东会馆、山东聊城山陕会馆、河南开封山陕甘会馆、南阳社旗山陕会馆、洛阳潞泽会馆等。

礼仪常识

楼阁为两层或两层以上的古代木构建筑。我国古楼分布广泛,形制多样,多为明清时期的建筑。湖北武汉黄鹤楼、湖南岳阳岳阳楼、江西南昌滕王阁、山西永济鹳雀楼为我国古代四大名楼,其中前三者合称江南三大名楼。亭为我国分布较为广泛的古建筑类型之一,尤其园林中多见。亭之造型最为丰富,亭可赏景,亭可佐景。除景观亭外,还有纪念历史事件和人物的纪念亭等。河南登封元代的古观象台、北京古观象台是世界保存较完整的古老天文台。

礼仪常识

目前，我国保存较完整的古代城防工程主要有西安古城墙、南京古城墙、山西平遥古城墙、辽宁兴城古城墙、湖北荆州古城墙、湖北襄阳古城墙、安徽寿县古城墙、福建惠安崇武古城墙、云南大理古城墙等。长城是我国最大的古代军事防御工程，其修筑和使用年代之长久、规模之宏大、形制之复杂、体系之严密、保存之完好，世界罕见。长城修建始于春秋战国，一为防御其他诸侯国，二为防御北方游牧民族。秦统一全国后，以燕赵秦原边墙为基础，构筑了西起临洮、东止辽东的万里长城。汉为防止匈奴南侵，于秦长城以北筑外长城，西起罗布泊，东止鸭绿江，绵延长达两万里，为历史上规模最大的长城。明长城为最后一次修建，也是最为坚固的万里长城，东起辽东鸭绿江，西止嘉峪关。全长6 300多千米，并形成了由墙体、城台、烽燧、关隘等组合的边疆军事防御体系，在冷兵器时代发挥了很大的作用。

万里长城

礼仪常识

中国古民居中，元代以前的很少保留至今，现存的绝大多数都是明、清两代的建筑。诸如徽州古民居、山西古民居、北京四合院、福建永定客家土楼、云南丽江古城古民居、江浙地区的江南水乡古民居、粤东围垅屋等，都堪称中国古民居的杰作。河南也保存有巩义康百万庄园、安阳马氏民居、卫辉小店河民居等。2000年，徽州古民居中的安徽古村落西递、宏村被联合国教科文组织列入《世界遗产名录》。安徽古村落美不胜收，其中，西递被誉为"桃花源里人家"，而宏村被誉为"中国画里乡村"。

宏村石拱

③ 古代陵寝。

丧葬习俗是人类重要的生活习俗,"事死如事生"在中国古代墓葬中表现十分突出,墓地建筑豪华,陪葬品奢侈,并深受堪舆学说的影响,山清水秀,风景优美。

礼仪常识

我国古代帝王陵墓主要有秦始皇陵及兵马俑、汉武帝刘彻茂陵、汉景帝刘启阳陵、唐太宗李世民昭陵、唐高宗李治和女皇武则天的合葬墓乾陵、北宋陵、南京明孝陵、北京明十三陵和景泰陵、湖北钟祥明显陵、清朝关外盛京三陵、清东陵和清西陵,以及吉林集安的高句丽帝王陵墓及贵族墓葬、宁夏银川的西夏王陵等边疆少数民族政权帝王陵墓。另外,还有悬棺崖墓、塔葬墓等特殊墓葬。

④ 历史文物。

历史文物主要有原始社会的文物、古代青铜器、古代陶瓷器、古代雕塑、古代绘画艺术作品等。

学习案例 7-5

北京某出口企业外销业务员小 G 计划与美国客户 Peter 先生一起游览北京的人文景观。请问小 G 应该选择哪些景点?

(2) 古典园林景观

园林即在一定的地段范围内,利用和改造自然山水地貌或人为地开辟山水地貌,并结合植物的栽植和建筑的布置,从而构成一个供人们观赏、游憩、居住的环境。按照园林的构景艺术风格,可将园林分为西方园林、东方园林、中西混合式园林 3 种类型。按照园林的营建功能和目的,中国古典园林可分为皇家园林、私家园林、寺观园林、坛庙、祠馆园林、大型湖山园林等类型。按照园林所处的区域,可分为北方园林、江南园林、岭南园林、少数民族园林等。

北京颐和园

（3）宗教文化景观

宗教文化景观包括宗教建筑景观、宗教活动景观和宗教艺术景观。

① 宗教建筑景观。

我国宗教建筑景观主要包括佛教文化建筑和道教文化建筑。

礼仪常识

中国著名的寺院主要有河南洛阳白马寺，郑州登封少林寺，开封大相国寺，河北承德普宁寺、普乐寺、普陀宗乘之庙，西藏拉萨布达拉宫、大昭寺等。武当山古建筑群是我国最大的道教文化建筑群落，被列入《世界文化遗产名录》。

② 宗教活动景观。

佛教寺庙中主要的宗教活动有僧尼的日常行事、忏法和法会，以及佛教节日活动等。寺院内重要的佛事活动有水陆法会、焰口施食、斋天和放生等。佛教最重要的节日是佛陀诞生、成道、涅槃纪念日。道教节日主要是纪念道家神仙的诞辰，如农历正月初九为玉皇大帝圣诞，农历正月十五为上元节，农历二月十五为太上老君圣诞，农历三月初三为王母娘娘圣诞等。每逢节日，各宫观内都要举行隆重斋醮，盛大的节日则要举行庙会活动。

③ 宗教艺术景观。

宗教艺术景观主要包括宗教雕塑艺术、宗教壁画艺术、宗教石窟寺艺术、宗教摩崖造像艺术等。

礼仪常识

佛教塑像名目繁多，分别有四大天王、弥勒菩萨、韦驮菩萨、释迦牟尼佛、三身佛、三世佛、观音菩萨、罗汉等。道教宫观中的塑像，有诸如玉皇大帝、王母娘娘、道教三尊、三官、老子李耳、八仙、四大神将、张道陵、王重阳、丘处机等。敦煌莫高窟、云冈石窟、龙门石窟和麦积山石窟为中国佛教四大石窟。佛教摩崖造像在我国南方地区较多,如重庆大足石刻、四川乐山大佛、浙江飞来峰造像和栖霞千佛岩等。而道教现存的摩崖造像却不多,其中著名的有福建泉州清源山的老君岩。

（4）民俗风情景观

民俗风情是指一个地区的民族在特定的自然和社会环境条件下,在生产、生活与社会活动中所表现出来的各种风俗习惯。民俗风情景观主要包括我国各民族的饮食习俗和特色民居、传统服饰和民间工艺品、婚丧习俗、民族歌舞和节庆活动等。

（5）文学与艺术景观

文学艺术具有广泛的群众性和强烈的感染力,并渗透在其他旅游景观中,具有旅游文化审美的价值和功能。旅游文学艺术的主要形式有游记、风景诗词、楹联、题刻、神话传说、影视、戏曲、书法、绘画、雕塑等。

（6）城镇与产业观光景观

城镇与产业观光景观主要包括中国优秀旅游城市、国家历史文化名城、特色小城镇、现代都市风光和产业观光景观等。

3. 人文景观的选择原则

（1）代表性

我国某些城市,如北京、西安等城市具有丰富的人文景观资源可供选择。当客户提出游览人文景观时,一定要推荐具有代表性的人文景观供客户选择。

（2）匹配

当客户提出游览人文景观时,要根据客户对中国传统文化的理解能力,选择最容易让客户明白的人文景观游览。

（3）适合

当我外销业务人员选择人文景观时,一定要与客户商量。有些客户比较迷信,拒绝游览某些景点,如古墓等。因此,一定要选择适合客户口味的人文景点。

学习案例 7-6

广州某出口企业外销业务员小 A 准备陪同东南亚客户刘先生一起游览北京明十三陵,刘先生是一个非常迷信、注重风水的客户。请问小 A 的安排是否恰当? 为什么?

二、人文景观游览注意事项

1. 熟悉人文景观的内涵

人文景观一般都具有较深的文化内涵,要求外销业务人员提前查找资料,熟悉游览的人文景观。如果我方陪同人员无法完成景观讲解,可请专职讲解人员提供有偿服务。

2. 委婉提醒客户不要随意触摸文物

在陪同客户游览人文景观时,一定要遵守景点的规定,未经允许,不能随意触摸文物和有关陈列展品。

3. 摄影提示标志

一般情况下,珍贵文物或古陵墓内不许拍照,普通文物则可以拍照。在参观摄影时应注意景点区域内的提示标志。我方陪同人员可以征得客户同意,选择恰当的景点与客户合影,一起留下美好的回忆。

4. 爱护文物,保护环境

不得破坏景区设施、花木,不能随意丢弃杂物、垃圾,大型石雕或摩崖石刻等文物景点一般不许攀登,我方陪同人员与客户应自觉遵守。

5. 合理安排游览线路

大型博物馆、展览馆人流量较大,我方陪同人员与客户应依次按照规定路线参观,以免遗漏参观景点造成遗憾。

6. 建议客户保留景点门票

景点门票不仅印制精美,而且具有一定的纪念意义和保存价值,应建议客户注意收集保存。

7. 量力而行,同时兼顾费用的高低、时间的长短、路途的远近

在同一天的游览活动中,上午与下午的活动不宜安排雷同的人文景点,以免让客户产生单调、枯燥的感觉。

礼仪常识

在北京浏览人文景观,如果上午游览故宫,下午就不宜安排参观雍和宫。故宫的黄瓦朱墙、重宫深院、珠宝玉器已经给旅游者以宏大肃穆之感,旅游者在情绪上已经得到满足,下午如果游览同是古建筑的雍和宫,就难免给他们以单调、雷同之感,雍和宫的特有魅力就会由于安排不当而大为逊色。因此,应该安排游览北海公园或其他园林。这些园林里,山清水秀,风和日丽,视野宽广,令人心旷神怡,给旅游者以中国古代园林所特有的美感。这样效果就会截然不同,一天的活动内容就会显得丰富多彩。

三、人文景观的游览特殊情况处理

1. 与客户走散

节假日人文景观景点人山人海,游客摩肩接踵。如果发生我方陪同人员不小心与客户走散的情况,我方陪同人员应该马上分头寻找,必要时可以通过景点安保人员查找。

2. 客户钱财失窃

人文景点游客较多,可能存在扒窃分子,在游览过程中,客人护照、钱包不慎失窃,应该第一时间陪同客人前往公安局或派出所报警,做好护照与签证的补办工作。

3. 人文景点不对外开放

当我方外销业务人员陪同客人前往人文景点游览时,万一碰到景点或部分景点关闭,我方陪同人员应该征求客人意见,临时更换其他景点。

四、人文景观游览常用英文

人文景观	cultural landscape
人类历史文化遗址	human historical and cultural sites
古代建筑	ancient building
古代陵寝	ancient tomb
历史文物	historical relics
古代青铜器	ancient bronze ware
古代陶瓷器	ancient ceramics
古代雕塑	ancient sculpture
古代绘画	ancient painting
古典园林	classical gardens
宗教文化	religious culture
宗教建筑	religious building
宗教艺术	religious art
民俗风情	folk customs
文学	literature
长城	the Great Wall
兵马俑	Terra Cotta Warriors and Horses
紫禁城	the Forbidden City
玉佛寺	the Jade Buddha Temple

学习案例 7-7

1. 长城被列为世界八大奇迹之一。中国有句老话:不到长城非好汉。中国人认为长城是中华民族的骄傲。

The Great Wall is listed as one of the eight wonders of the world. So there is an ancient Chinese old saying goes: If we fail to reach the Great Wall, we are not true man. Chinese people think the Great Wall is the pride of Chinese nation.

2．我很盼望参观秦始皇兵马俑。听说兵马俑是本世纪重大的考古发现之一。

I've been longing to visit the Terra Cotta Warriors and Horses. I heard that it has been made one of the century's greatest archaeological discoveries.

3．北京故宫的雄伟建筑是旅行者必去的地方。在那儿游客可以感觉到中国帝王的力量。

The huge complex of the Palace Museum in Beijing must be visited for tourists, a place where visitors feel the power of Chinese emperors.

4．玉佛寺建于 1882 年，里面存放着来自缅甸的两尊释迦牟尼玉像。我们明天参观它。

The Jade Buddha Temple was built in 1882 and housed two white jade statues of Sakyamuni from Burma. We will visit it tomorrow.

5．陈家祠以装饰精巧而著称，木雕、石雕、砖雕、灰塑等传统建筑装饰工艺精湛。

Chen Clan Academy Temple is famous for exquisite decoration. The traditional architectural decoration craft such as wood carvings, stone carvings, brick carvings and grey model is superior.

典型工作任务三　步行街游览

工作困惑

作为一名外销业务人员，如何根据客户需求选择步行街？我国主要步行街有哪些？步行街的游览策略有哪些？步行街游览有哪些特殊情况需要处理？

工作认知

一、步行街的选择

1. 步行街的含义

步行街是城市道路系统中确定为专供步行者使用，禁止或限制车辆通行的街道。有若干条相邻街道确定为步行街，则构成步行区。确定为步行街的街道一般在市中心商业区，这同居住区或其他地区的步行道路有所区别。

我国的步行街大多是一条集游览、购物、餐饮、娱乐、休闲为一体的旅游休闲购物街，其中购物商品包括日用百货、五金电料、服装鞋帽、珠宝钻石、金银首饰等，琳琅满目，商品进销量极大,多数是号称"日进斗金"的寸金之地。步行街上跟各种商店一样多的就是人,或从容信步,或匆匆疾走,或闲坐休息,或饶有兴致地转进每一家商店。公交车、旅游大巴等社会机动车辆一律禁行,观光电瓶游览车成为游人的代步工具。我国最为著名的步行街有北京的王府井、天津金街、上海南京路、广州北京路等。

2. 我国主要步行街介绍

我国各大城市均有多条不同主题的步行街,如北京拥有王府井大街、大栅栏、隆福寺等多条步行街;上海则拥有南京路、小上海等多条步行街;广州步行街众多,其中以上下九和北京路步行街最为出名。

🙂 礼仪常识

北京王府井大街南起东长安街,北至中国美术馆,全长约 1 600 米,是北京最有名的商业区。明代,这里修起了 10 座王府,王府井初具规模,改称十王府街。清代废十王,改称王府街或王府大街。1915 年,北洋政府绘制《北京四郊详图》时,把这条街划分为 3 段:北段称王府大街,中段称八面槽,南段因有一眼甜井,与王府合称,就成了"王府井大街"。自 1996 年起投资 10 亿多元改造后的王府井大街已重新亮相,东方广场成为它的另一大景观;老北京一条街营业面积 2 700 平方米,完全仿照明、清的建筑风格设计装潢,共有自然店铺 40 余家。王府井大街的一大特色是集中了一大批中华老字号名店。内联升、步瀛斋的鞋,盛锡福、马聚源的帽子,瑞蚨祥的丝绸,王麻子的剪刀,戴月轩的湖笔徽墨,汲古阁的古玩玉器,元长厚的茶叶,稻香村、桂香村、祥聚公的糕点,全聚德的烤鸭,六必居的酱菜和天福号的酱肉,以及传统小吃和红螺果脯等,在这里都有店铺。近年来,王府井发展更快,从南口北京饭店东侧入街北行,只见牌匾高悬,店铺森然,人头攒动,如流水一般,从早到晚,每天进入这条街的中外顾客多达百万人次。这条大街现在已经拥有了亚洲最大的商业楼宇,密度最大、最集中的大型商场、宾馆与专卖店。王府井还是国内商业旅行社联结最近的大型购物场所,国有品牌、老字号最集中之地。这条充满现代气息、高品位、高标准的国际化中心商业街,与法国的香榭丽舍大街结为友好姊妹街,使它的国际地位不断提高。百货大楼、外文书店、丹耀大厦、工美大楼、王府女子百货商店、穆斯林大厦、新东安市场与盛锡福、同升和、东来顺、全聚德、四联美发、百草药店构成了这条商气十足的现代化商业街。

🙂 礼仪常识

天津金街是目前国内最长的商业步行街,全国十大著名商业街,百城万店无假货一条街,诚信消费一条街。位于天津市和平区中心繁华地带,距天津火车站仅 3 千米,距天津机场 20 千米。始建于 1902 年,原名杜领事路、罗斯福路,1953 年取"热爱和平"之意更名"和平路",是近代天津商业的摇篮、天津繁荣的象征,也曾是天津人的骄傲。2000 年 9 月,改造后的和平路商业街与滨江道连成一个"金十字",取名为"金街"。"黄金之街"寸土寸金的"金",与"天津"的"津"读音相同,富含美好的祝颂之意。2003 年 9 月,为"津门新十景"命名的《临江仙》词之首句——"商贸金街昌万象"——"金街"点明地点,"商贸"突出特色,"昌万象"指这里商贾云集、店铺栉比、百业繁盛。其"昌"堪称"词眼",既指现在,也预示将来。

全长 2 138 米的步行街上路灯与街面建筑均采用欧式风格,百货大楼、四面钟等一些具有代表性的建筑恢复了原来风貌。街内新建的小型喷泉、花坛、雕塑,以及新设置的电子导购系统,使古典风格与现代风格相映成趣,不仅有劝业场、中原公司、百货大楼等历史悠久的大型百货商场和天津鞋店、亨得利钟表店、冠生园食品店、桂顺斋糕点店、正兴德茶庄、盛锡福帽店等老字号商店,还有滨江商厦、吉利大厦、国际商场等新建的购物中心和专卖店。

礼仪常识

旧有"十里洋场"之称的南京路是上海最早的一条商业街,现在也称"中华商业第一街"。南京路步行街西起西藏中路,东至河南中路,街的东西两端均有一块暗红色大理石屏,上面是江泽民同志亲笔题写的"南京路步行街"6 个大字。国庆 50 周年时落成的这条步行街使"百年南京路"焕然一新,成为上海又一处靓丽的城市新景观,特别适合想感受都市商业风情的人闲逛。每到夜晚,南京路上霓虹大作,灯火辉煌,繁华直逼纽约、东京。步行街上,市百一店(原"大新公司")、华联商厦(原"永安公司")、上海时装公司(原"先施公司")和第一食品商店(原"新新公司")这"四大公司",无不把南京路的过去与今天不断迭映在眼前,传统与现代的交织为这条百年老街增添了别样的魅力。已不算年轻的市百一店就矗立在南京东路、西藏中路口,这座新中国成立前的"大新公司"是当时南京路上较好的建筑之一,如今虽不再代表时尚和流行,却依然是上海商业文化的一个象征,几十年来一直是中国最著名的百货公司。走在这 1 200 多米的步行街上,时时体会到一种莫大的快乐,彩色的铺路砖石、统一的路心售货亭、两边各类时尚流行商店、熙熙攘攘的人群、可爱的观光小火车,以及设计别致的城市雕塑……这些都构成了上海的现代都市风景。黄包车、香烛店、"美丽牌"香烟广告不见了,身着旗袍、梳着盘发的上海小姐不见了,就连当年曾显赫一时的"先施百货"如今也完全换了样子,现代的都市文明在这里把属于过去的痕迹抹得一干二净。

学习案例 7-8

北京某出口企业外销业务员小 G 的美国客户想了解一下北京的商业与普通市民的生活。请问小 G 应如何安排?

二、步行街的游览特色

1. 步行街是城市的名片

步行街是所在城市风格的浓缩与体现,同一城市拥有多条步行街,从不同角度展现现代都市的各个方面。通过步行街,客户可以迅速地了解城市的特色,让客户在最短的时间内融入到人们的日常生活中,真正做到宾至如归。

2. 步行街是历史字典

都市一般都拥有悠久的历史,步行街往往记载了都市的历史沉淀,记载了历史变迁。通过步行街,可以让客人领略中华民族灿烂的历史,从而促进客户与我们的贸易关系,同时弘扬中华文化。

👀 礼仪常识

广州拥有多条步行街,其中以北京路和上下九最为出名。北京路主要展现广州的商业与历史,贩卖各类服饰的店铺琳琅满目,大型百货公司天河城与广州百货公司体现了现代商业文化。北京路步行街地下有条千年古道,用钢化玻璃覆盖,最底下的是唐朝马路,接着是宋朝马路,其次是明清马路,最上面是民国马路,向游客展示北京路的历史变迁。上下九步行街比北京路步行街要长,保留了许多具有岭南特色的建筑,充满了浓郁的西关风情。除了服饰外,还有众多广州特色小吃供客人品尝。

✏️ 学习案例 7-9

广州某出口企业外销业务员小 A 与阿联酋客户 Mohammad 先生完成业务洽谈后,Mohammad 先生提出想了解一下广州的变迁与广州市民的日常生活。请问小 A 应该如何安排?

3. 步行街游览费用

当客户提出游览步行街的愿望时,我方外销业务人员应该积极策划安排。我国各城市步行街一般不收取门票,前往步行街的交通也比较方便,相对于自然景观和人文景观,步行街游览更经济、实惠。

4. 步行街游览时间

我方外销业务人员陪同客户游览步行街时,最好安排在晚上。人潮涌动,灯火辉煌,更能突显步行街的华丽与浓浓的商业气氛。

三、步行街游览的特殊情况处理

1. 钱财失窃情况的处理

步行街人流汹涌,很容易导致客户钱财失窃,一定要提醒客户将重要证件和贵重物品放置在酒店妥善保管,千万不要随身携带。一旦发生钱财丢失应该及时报警。

2. 重大治安事故情况的处理

我国治安状况整体上比较好,但是个别极端伤人事件仍然会偶尔发生,要求我方陪同人员在陪同客户前往步行街游览时,应留意治安形势。一旦发生意外情况,应该及时带领客人撤离现场,如果客户受到伤害,应该及时拨打110,送医院抢救或治疗。

3. 客人兴趣降低情况的处理

在陪同客户游览步行街时,一旦发现客户兴趣下降,我方陪同人员应该及时调整游览行程,尽快安排客户感兴趣的店面或项目参观游览。

四、步行街游览常用英文

步行街	pedestrian street
王府井	Wangfujing Street
金街	King Street
烤鸭	roast duck
丝绸	silk
酱菜	pickles
果脯	dried fruit
服饰	dress
小吃	snacks
唐朝	Tang dynasty
古道	ancient path/old road
百货公司	department store

学习案例 7-10

1. 王府井大街有许多著名商家,如果你喜欢,可以品尝一下全聚德的烤鸭。

There are many famous merchants in Wangfujing Street.If you like, you can taste the roast duck of Quanjude.

2. 金街是天津的一张名片,通过游览金街可以更加深刻、全面地了解天津。

King Street is a name card of Tianjin.Through visiting King Street, you can understand the Tianjin more comprehensively and deeply.

3. 每到夜晚,南京路上霓虹大作,灯火辉煌,繁华直逼纽约、东京。

Every night neon lights in Nanjing Road are turned on brightly,ablazing with lights,the prosperity almost is equal to Tokyo and New York.

4. 北京路主要展现广州的商业与历史,上下九步行街则保留了许多具有岭南特色的建筑。

Beijing Road shows the business and the history of Guangzhou, and many architectures with special features of South of the Five Ridges have been kept in Shangxiajiu Pedestrian Street.

5. 在上下九步行街，除了服饰外，还有众多广州特色小吃以供品尝。

Besides all kinds of dress, there are many snacks with features of Guangzhou for taste in Shangxiajiu Pedestrian Street.

典型工作任务四　礼物购买

工作困惑

作为一名外销业务人员，如何根据客户需求帮助客户选择礼物？客户在华购买的礼物有哪些？各国客户选择礼物的特点有哪些？陪同客户选择礼物有哪些注意事项？

工作认知

一、礼物选择

1. 礼物的含义

礼物是在社会交往中，为了表达祝福和心意或以示友好，人与人之间互赠的物品。客户来中国访问，一般都会选择具有代表性的礼物回国后赠送给亲朋好友、家人同事，一起分享访问的喜悦，通过礼物更加深刻地了解中国的文化与习俗。

礼仪常识

礼物最初来源于古代战争中由于部落兼并而产生的纳贡，也就是被征服者定期向征服者送去食物、奴隶等，以表示对征服者的服从和乞求征服者的庇护，史书中曾有因礼物送得不及时或不周到而引发战争的记载。例如，春秋时期，因楚国没有按时向周天子送一车茅草，从而引发了中原各国联盟大举伐楚的战争。

礼仪常识

香港、澳门、东南亚及世界各国闽粤华人将礼物称为手信。手信并非专指贵重的礼物，而是突出当地的传统人文价值，携带方便、轻巧，既具有当地文化特色又能讨得亲人朋友欢心的礼物。手信，不在于贵，而在于心，一份情意，一份真诚，一份心意，代表对亲人朋友的祝福，表达对亲人朋友的关心。

2. 礼物的分类

我国商品的品种丰富，很多产品可以作为礼物以供客户选购。根据客户的购买习惯与喜好,礼物可分成以下几类。

（1）食品类

客户一般比较喜欢带有中国风味的名烟、名酒、土特产和茶叶,如中华牌香烟、塔牌绍兴酒、五粮液、茅台酒、龙井茶等。

（2）电器类

电器类可以分为大电器和小电器。大电器包括空调、洗衣机、电视机、厨卫电器等,其中液晶电视往往是非洲客户的抢手货。小电器品种繁多,包括电动剃须刀、多功能电动榨汁机、烤面包机、微波炉、电热壶、点陶炉等,其中微波炉是印巴客户的首选对象。

（3）通信、摄影类

通信类产品包括各类手机、电话机、对讲机,以及手机配件,摄影类产品包括数码相机、单反相机,以及各类配件。

（4）工艺品类

工艺品是对一组有较高价值艺术品的总称。它包括的种类很多,有漆器、陶器、瓷器、雕刻品、民间工艺和工艺美术等。工艺品来源于生活,来源于心灵对美的追求。中国工艺品的内容丰富多彩,生动有趣,价格低廉,因而海外客户对中国工艺品格外喜爱。其主要品种有木雕、牙雕、竹雕、炭雕、膏雕、景泰蓝、唐三彩、石湾公仔、树脂工艺品、文玩核桃、刺绣、漆器、玉石蓝印花布、编织工艺品、水晶工艺品、冰晶画和特种工艺品类。

（5）家庭用品类

家庭用品类泛指床上用品、厨卫用具、室内配饰及日常生活需要的商品,其中各式刀具、餐具和茶具深受客户青睐。

（6）文具类

文具类包括办公用具和学生文具,其中我国传统的"文房四宝"得到了客户的追捧。

（7）保健品类

保健品大体可以分为一般保健食品、保健药品、保健化妆品、保健用品等。保健食品具有食品性质,如茶、酒、蜂制品、饮品、汤品、鲜汁、药膳等,具有色、香、形、质要求;保健药品具有营养性、食物性天然药品性质,应配合治疗使用,有用法、用量要求,如目前带"健"字批号的药品;保健化妆品具有化妆品的性质,不仅有局部小修饰作用,而且有透皮吸收、外用内效作用,如保健香水、霜膏、漱口水等;保健用品具有日常生活用品的性质,如健身器、按摩器、磁水器、健香袋、衣服鞋帽、垫毯等。

（8）服饰类

衣裳服饰泛指身上穿的各种衣裳服装及饰品搭配,包括服装、鞋、帽、袜子、手套、围巾、领带、提包、阳伞、发饰等,其中旗袍深受客户喜欢。

（9）金银首饰类

首饰分为发饰、颈饰、耳饰、首饰和佩饰等。

（10）名人字画类

名人字画是指有名望或一定社会地位的人所作的达到一定艺术水平的书法或绘画作品。

二、各国客户选择礼物的特点

1. 欧美客户

欧美客户选择礼物不一定价格昂贵,比较偏重于增强精神享受的小工艺品,要求比较具有中国特色。

2. 日本客户

日本客户选择礼物一般偏重于食品类、保健品类、工艺品类和名人字画类,比较注重商品质量,购买预算较为宽裕。

📝 **学习案例 7-11**

广东佛山某家具出口企业外销经理 B 与他的日本客户山本先生完成业务洽谈后,山本先生想购买一些中国礼物回国赠送亲朋好友。请问山本先生可能会购买哪些礼物?

3. 东南亚客户

东南亚华人较多,对中华文明有一定的了解,比较喜欢选择食品类、工艺品类、保健品类和名人字画类。

4. 印巴客户

印巴客户比较注重实用,由于本国各类小家电比较昂贵,因此来中国访问,喜欢选购各类小家电,印度客户特别喜欢微波炉。

5. 中东客户

中东客户富裕程度呈现两极分化状态,非常富裕的客户喜欢各类高档通信、摄影类产品,工艺品;而富裕程度一般的客户则比较喜欢实惠耐用的家庭用品、服饰、电器。

6. 非洲客户

由于非洲市场物资短缺,非洲客户对于琳琅满目的中国产品爱不释手,比较喜欢电器、通信、摄影类产品,家庭用品,服饰,其中手机特别受追捧。

三、陪同客户购物的注意事项

1. 尽量选择有品质保证的老字号商家

当客户提出需要购买礼物时,我外销业务人员应该与客户沟通,了解客户具体打算购买的商品类别后选择销售该类商品的老字号商家或品牌专卖店,一定要保证商品质量。一方面客户选购的商品代表中国的形象,另一方面我方的推荐会影响与客户的业务合作关系。

礼仪常识

北京同仁堂是全国中药、保健品行业著名的老字号。它创建于 1669 年(清康熙八年),自 1723 年开始供奉御药,历经八代皇帝 188 年。在 300 多年的风雨历程中,历代同仁堂人始终恪守"炮制虽繁必不敢省人工,品味虽贵必不敢减物力"的古训,树立"修合无人见,存心有天知"的自律意识,造就了制药过程中兢兢业业、精益求精的严谨精神,其产品以"配方独特、选料上乘、工艺精湛、疗效显著"而享誉海内外。

学习案例 7-12

北京某出口企业外销业务员小 G 的美国客户想购买中国特色保健食品赠送亲朋好友,需要小 G 给予建议。请问小 G 如何建议?

2. 做到"货比三家"

在陪同客户选购礼物时,尽量多选择几家商家以供客户挑选与比较,让客户买得放心。

3. 尽可能给予客户专业意见

对于客户选购的礼物,若我方陪同人员有一定的认知,应该尽可能给予客人专业意见,帮助客人出谋划策。

4. 尽量帮助客户争取折扣

最后,有一些商家可以给予客户一定数量的价格折扣,我方陪同人员应该积极争取,帮助客户节省预算,并向商家索要发票作为购货凭证。

四、礼物购买常用英文

礼物	gift
食品	food stuff
香烟	cigarette
电器	electrical appliances
微波炉	microwave oven
数码相机	digital camera
漆器	lacquer
陶器	pottery
瓷器	porcelain
景泰蓝	Cloisonne Enamel
刺绣	embroidery

家庭用品	household goods
刀具	cutter
餐具	tableware
保健品	health care products
金银首饰	gold and silver jewelry
名人字画	the celebrity calligraphy and painting

学习案例 7—13

1. 通过礼物更加深刻地了解中国的文化与习俗。

Through the gifts, Chinese culture and customs will be understood more profoundly.

2. 绍兴酒是日本客人最爱挑选的礼物。

Shaoxin rice wine is one of the favorite gifts selected by the Japanese guests.

3. 中国制造的微波炉价廉物美,使用方便。

The microwave ovens made in China are with reasonable prices and superior quality, easy to use.

4. 中国生产的各款手机非常适合在非洲使用。

All kinds of mobile phones made in China are very suitable for consumers' use in Africa.

5. 旗袍,两侧开衩的长袍,展现悠闲、舒适的淑女形象。

Qipao, a long robe with a split at each side seam, shows leisure and comfortable lady images.

6. 同仁堂保健品选用优质原材料,具有确切的保健功效。

High quality raw materials are chosen into Tongrentang health products, with the exact health care effect.

综合实训

一、实训目的

1. 通过实训,理解并掌握自然景观的含义、分类、选择原则、游览注意事项和特殊情况处理;人文景观的含义、分类、选择原则、游览注意事项和特殊情况处理;步行街的含义、主要步行街的介绍、游览和特殊情况处理;礼物的含义、分类,各国客户选择礼物的特点和陪同客户选择礼物的注意事项。

2. 通过实训,正确完成观光购物礼仪操作,从容得体应对客户。

二、实训内容

围绕观光购物礼仪,通过实训,全面掌握有关自然景观游览、人文景观游览、步行街游览和礼物购买等相关知识,并具备扎实的理论基础与职业能力。根据认知规律,实训分为基础理论知识部分与实践技能操作部分。

基础理论知识

一、模块核心概念

1. 自然景观
2. 人文景观
3. 步行街
4. 礼物
5. 会馆
6. 宗教文化景观
7. 民俗风情景观

习题自测

二、单项选择题

1. (　　)属于自然景观景点。

    A. 北京天坛

    B. 郑州登封少林寺

    C. 北京王府井大街

    D. 浙江雁荡山

2. (　　)不属于地文景观旅游资源。

    A. 山岳名胜

    B. 喀斯特地貌景观

    C. 珍禽异兽及栖息地

    D. 风蚀风沙景观

3. 唐太宗李世民昭陵属于(　　)旅游资源。

    A. 古代建筑

    B. 古代陵寝

    C. 人类历史文化遗址

    D. 民俗风情景观

4. (　　)不属于步行街。

    A. 北京长安街　　　　　　　B. 北京王府井

    C. 广州北京路　　　　　　　D. 上海南京路

5. 属于食品类的礼物有(　　)。

    A. 同仁堂安宫牛黄丸

    B. 茅台酒

    C. 保健香水

    D. 景泰蓝

6. 非洲客户比较喜欢购买(　　)礼物。

    A. 保健品类

    B. 工艺品类

    C. 名人字画类

    D. 电器类

7. ( )不属于我国的老字号商家。

    A. 全聚德

    B. 六必居

    C. 劳力士

    D. 同仁堂

8. 杭州某企业外销业务员计划陪同客户游览自然景观,( )是首选项目。

    A. 沈阳故宫

    B. 广州陈家祠

    C. 杭州灵隐寺

    D. 武汉黄鹤楼

9. 广州某企业外销业务员计划陪同客户游览人文景观,( )是首选项目。

    A. 四川乐山大佛

    B. 广州陈家祠

    C. 钱塘江大潮

    D. 西安兵马俑

10. 上海某企业外销业务员计划陪同客户游览南京路步行街,( )时间段是最佳游览时间。

    A. 凌晨 4～5 点

    B. 上午 8～9 点

    C. 下午 2～3 点

    D. 晚上 8～10 点

三、多项选择题

1. 自然景观游览的注意事项有( )。

    A. 建议客户不要穿着皮鞋、裙子

    B. 外销业务户员熟悉景点介绍

    C. 必须携带心脏病、高血压等突发性疾病急救药品

    D. 携带雨具

    E. 防止山火

2. 属于自然景观的景点是( )。

    A. 北京故宫

    B. 安徽黄山

    C. 长江三峡

    D. 西藏拉萨布达拉宫

    E. 大连金石滩

    F. 西安古城墙

3. 属于宗教文化景观的景点是(　　　　　)。

    A. 河南洛阳白马寺

    B. 王母娘娘圣诞处

    C. 辛亥革命纪念地

    D. 四川乐山大佛

4. (　　　　　)属于步行街。

    A. 北京长安街

    B. 北京王府井

    C. 广州北京路

    D. 上海南京路

    E. 天津金街

5. (　　　　　)属于客户喜欢购买的电器类礼物。

    A. 液晶电视

    B. 电动剃须刀

    C. 各式刀具

    D. 微波炉

    E. 单反相机

    F. 多功能电动榨汁机

四、判断题

1. 人文景观是指大自然赋予地理区域的能使人产生美感的自然环境及其景象的地域组合。(　　　)

2. 河北昌黎黄金海岸、山东青岛海岸、江苏连云港、浙江舟山、福建平潭岛、厦门鼓浪屿、海南三亚天涯海角、台湾清水断崖、广西红树林海岸等都是中国较为著名的水域景观资源。(　　　)

3. 自然景观的选择原则有就近原则、满足原则、典型原则。(　　　)

4. 当客户提出游览人文景观时,要根据客户对中国传统文化的理解能力,选择最容易让客户明白的人文景观游览。(　　　)

5. 一般情况下,珍贵文物或古陵墓内允许拍照,普通文物则不可以拍照。(　　　)

6. 按照园林的构景艺术风格,可分为北方园林、江南园林、岭南园林、少数民族园林等。(　　　)

7. 步行街是农村道路系统中确定为专供步行者使用,禁止或限制车辆通行的街道。(　　　)

8. 步行街是所在城市风格的浓缩与体现,通过步行街客户可以迅速地了解城市的特色。(　　　)

9. 非洲客户选择礼物不一定价格昂贵,比较偏重于增强精神享受的小工艺品,要求比较具有中国特色。(　　　)

10. 当客户提出需要购买礼物时,我外销业务人员应该与客户沟通,了解客户具体打算购买的商品类别后选择销售该类商品的老字号商家或者品牌专卖店,一定要保证商品质量。(　　　)

五、案例分析

1. 广州某出口企业外销业务员小 C 接待来访的美国贸易代表团,美国客户提出想游览具有广东特色的自然景观,小 C 陪同他们前往鼎湖山游玩。在游玩过程中美国客人围绕景点提出许多问题,小 C 无法回答。

请问:小 C 的准备是否充分? 应该如何应对?

2. 上海某出口企业外销业务员小 B 接待来访客户,客户提出想游览上海南京路步行街。小 B 为了尽快完成任务,不占用自己的晚上休息时间,利用下午时间 3 点至 4 点带领客户游览了步行街。

请问:小 B 的安排是否合理? 为什么?

实践技能操作

一、自然景观游览、人文景观游览、步行街游览、礼物购买中英文认知

1. 将英文单词、词组译成中文

(1) natural landscape

(2) mountain scenic spots

(3) cultural landscape

(4) folk customs

(5) historical relics

(6) pedestrian street

(7) roast duck

(8) department store

(9) gift

(10) electrical appliances

(11) tableware

(12) the celebrity calligraphy and painting

2. 将中文句子译成英文

(1) 中国历史悠久,而故宫是中国传统文化的代表。

(2) 黄山四绝是奇松、怪石、云海、温泉。

(3) 南京路是一条繁华的商业街,像著名的纽约第五大道一样。

二、审核以下案例,指出其中的错误,并改正

1. 广州和鑫工贸有限公司(Guangzhou Hexin Industrial and Trade Co., Ltd.)的王伟经理接待来访的巴基斯坦 CAENIAT AL SCEHRA TRADING CO. 的 Mohammad 先生。Mohammad 先生喜爱广绣工艺品,王伟经理直接带客人去批发市场找一家商家购买,商家也没有帮客人做礼品包装,最后王伟经理也没有向商家索要发票。

请问:王伟经理有哪些行为举止不符合礼品购买礼仪的规定? 为什么? 如何改正?

2. 上海金雕贸易有限公司(Shanghai Golden Eagle Trading Co.,Ltd.)的李伟经理接待来

访的美国 UANREST REFT CO. 以 Tony 先生为领队的贸易代表团。期间,李伟经理带领客人前往安徽黄山游玩,在游玩过程中客人询问黄山景点的背景资料,李经理不知如何应对;代表团中女士穿着皮鞋与裙子;在登山过程中突然下雨,客人们淋得个个像落汤鸡;最后代表团中的年长成员体力消耗严重,无法登顶。

请问:李伟经理有哪些行为举止不符合自然景观游览礼仪的规定？为什么？如何改正？

模块八

休闲娱乐礼仪操作

典型工作任务	1. 文艺晚会欣赏 2. 舞会参加 3. 卡拉 OK 娱乐
主要学习目标	1. 掌握文艺晚会的选择、欣赏注意事项 2. 掌握舞会参加准备、舞会参加注意事项 3. 掌握卡拉 OK 娱乐场所的选择、娱乐注意事项
基础理论知识	1. 白金法则 2. 黄金法则
工作操作技能	能够正确地完成休闲娱乐礼仪操作，从容得体应对客户

典型工作任务一　文艺晚会欣赏

工作困惑

作为一名外销业务人员,如何根据客户需求选择文艺晚会？文艺晚会的欣赏注意事项有哪些？

工作认知

在业务洽谈活动中,要求我方陪同人员在合理掌控洽谈节奏,与客户协商达成一致的同时,适度安排娱乐活动项目,可以增进双方感情,促进生意的达成。

文艺晚会是指我方陪同人员根据客户的喜好,安排文艺节目表演,让客户在欣赏文艺节目时得到享受。

一、文艺晚会的选择

文艺晚会的选择要尊重来宾的风俗习惯,照顾来宾的特殊爱好。节目应尽量具有我国特色,以宣传我国的传统文化。

1. 文艺晚会的分类

文艺晚会的类别有:地方戏曲(北京的京剧、安徽的黄梅戏、上海的沪剧、杭州等地的越剧、四川的川剧、河南的豫剧等)、历史性的歌舞(仿唐乐舞)、民族歌舞、民间娱乐表演(武术、杂技等)。

礼仪常识

变脸是川剧表演的特技之一,用于揭示剧中人物的内心及思想感情的变化,即把不可见、不可感的抽象的情绪和心理状态变成可见、可感的具体形象——脸谱。

最初的脸谱是纸壳面具,后经改良,发展为草纸绘制的脸谱,表演时以烟火或折扇掩护,层层揭去脸谱。中华人民共和国成立后,随着变脸绝技的飞速发展,制作脸谱的材料也发展成为现在使用的绸缎面料,极大地方便了演员的表演。

变脸脸谱会选用一些不知名人士,包括侠士、鬼怪之类的造型,绘制变脸脸谱的笔锋要锐利、粗犷,颜色对比要强烈,这样才能形成炫目的礼堂效果。在设色寓意的设计上,要以剧中人物的道德品质和角色种类为依据,或歌颂赞扬,或揭露讽刺,或鞭挞批判,或贬或褒,全都可以从脸谱色彩中反映出来。

变脸的手法大体上分为 3 种:"抹脸""吹脸""扯脸"。此外,还有一种"运气"变脸。

2. 文艺晚会的选择原则

(1) 弘扬我国传统优秀文化

中华文化,也称华夏文明,是世界上古老的文明之一,也是世界上持续时间最长的文明。中华文明历史源远流长,博大精深,各种类型的文艺表演演绎了中华文化。一些客户来华访问,除了业务洽谈之外,对于领略、感悟中华文化也充满了期待。

(2) 尊重客户的风俗习惯

客户来自五大洲四大洋,信奉不同宗教,国与国之间存在不同风俗,甚至同一个国家内,也会呈现"十里不同风,百里不同俗"的现象,这就要求我方陪同人员一定要深入了解客户的风俗习惯,选择符合客户风俗习惯的节目。

礼仪常识

印度教徒不吃牛肉,认为牛是神圣不可侵犯的,把牛奉为神牛,牛在大街小巷行走,车辆行人要礼让。他们把母牛视为"圣牛",不能宰杀,甚至当母牛不能自己寻觅食物时,有的还被收入"圣牛养老院"中供养。

泰国人信佛教,非常重视头部,认为头是神圣不可侵犯的。如果用手触摸泰国人的头部,则被认为是对其的一种极大的侮辱。如果长辈在座,晚辈必须蹲跪,以免高于长辈的头部。当人坐着的时候,忌讳他人提物从头上掠过。就连小孩的头也不能摸,因为这也是不吉利的。泰国人睡觉时不能头朝西,因为日落西方象征死亡,泰国人死后才将尸体的头部朝西停放。泰国人绝对不用红笔签名,因为在泰国,人们是用红笔把死者的姓名写在棺材上的。

（3）考虑客户的理解能力

由于中华文化博大精深,一些节目里会涉及典故,客户不一定能明白与理解,这就要求我方陪同人员掌握客户的理解程度,对文艺晚会做出适当的安排。对于非常熟悉中华文化的客户,尽量安排一些多语言的节目,否则,则多安排一些杂技、武术等多动作的节目。

学习案例 8-1

广州某出口企业外销业务员小 A 安排阿联酋客户 Mohammad 先生观看文艺晚会,Mohammad 先生对中华文化知之甚少。请问小 A 应该安排哪些节目比较恰当? 为什么?

（4）避免敏感性政治问题

由于客户政治倾向的原因,我方陪同人员在选择安排文艺晚会时,尽量避免安排具有政治背景的节目。

（5）适当安排客户所在国的知名节目或客户喜欢的节目

在安排节目时,适当加入客户所在国家的知名节目,如民歌或客户最喜爱观看的节目,真正让客户有一种回到故乡的感觉,这对双方业务洽谈的成功能够起到推动效果。

学习案例 8-2

广东佛山某家具出口企业外销经理 B 安排埃及客户 Y 先生观看文艺晚会,在晚会的节目中专门安排了埃及民歌《尼罗河畔的歌声》。请问 Y 先生会有什么样的感觉? 为什么?

礼仪常识

印度尼西亚著名的民歌有《梭罗河》《椰岛之歌》《莎丽楠蒂》等,俄罗斯著名的民歌有《三套车》《伏尔加船夫曲》,意大利著名的民歌有《桑塔·露琪亚》《重归苏莲托》《我的太阳》《啊! 朋友》,南斯拉夫著名的民歌有《深深的海洋》,美国著名的民歌有《老人河》《念故乡》《美丽的梦神》《金发的珍妮》《噢,苏珊娜》等,加拿大著名的民歌有《红河谷》,埃及著名的民歌有《尼罗河畔的歌声》,西班牙著名的民歌有《鸽子》。

二、文艺晚会的欣赏注意事项

1. 做好订位工作

要提前订好门票,并选择好观看演出时的座位。座位应当选择最佳位置。一般而言,在正规的剧场观看文艺演出时,最好的座位在第七排到第九排之间,并以其中间的位置为佳。

学习案例 8-3

广州某出口企业外销业务员小 A 安排阿联酋客户 Mohammad 先生观看文艺晚会。为了让 Mohammad 先生更好地欣赏节目,请问小 A 应该安排第几排座位最佳? 为什么?

2. 准备好节目单

节目单列明晚会节目的顺序,方便观众观看欣赏节目。考虑到中西方文化的差异,最好由我方陪同人员准备好英文节目单,如果可能的话,对每一个节目做简单的描述,让客户轻松地理解节目内容。

3. 着装

观看文艺晚会时,服装要整洁。西方人对于晚会等正式场合的礼服穿戴非常重视,因为服装穿着是否得体,体现了一个人的修养程度,也关系到你对别人是否尊重和别人对你的评价。

出入音乐厅、剧院等高雅场所时,男士西装领带是标准着装,皮鞋和头发要整洁;女士则是豪华套装,如长裙、小礼服,要装扮得非常漂亮、耀眼。

4. 准时入席

观看演出要在演出前入座。根据国际惯例,观看音乐会和戏剧(包括歌剧、音乐剧、舞台剧、芭蕾舞剧等),一旦演出开始,迟到者要等到幕间休息时才能进场,这期间只能在场外的闭路电视中观看演出。

5. 鼓掌

鼓掌是对节目与表演者的高度认可,是观众文明礼貌的表示。一旦演出发生意外情况,不可以喝倒彩或吹口哨,或者对演得不好的演员作嘘声。

礼仪常识

观看音乐会时,每支乐曲演奏完毕,应以热烈的掌声向演奏者致谢。一曲未了或乐章之间不应鼓掌,否则就像中途打断别人讲话一样只会显示出自己的无知。观看戏剧时,应等到歌声结束、精彩片段结束或舞蹈结束时才能鼓掌。

6. 举止

观看文艺晚会时,应保持肃静,手机关机或调为静音,禁止交谈、打哈欠,甚至咳嗽或翻动节目单等。有的剧场不允许将饮料带入演出场所内,观众要无条件地遵守剧场规定。演出中途不可登台献花,但演出结束后可以向演员献花。演出结束后,观众应在座位上停留片刻,不要急于退场,要等演员谢幕、全场起立鼓掌后方可有秩序地退场。

三、文艺晚会欣赏常用英文

文艺晚会　　　　　　　　　　**Literature and Art Evening Show**

武术	martial art
杂技	acrobatics
京剧	Beijing Opera
川剧	Sichuan Opera
沪剧	Shanghai Opera
变脸	face-changing
民歌	folk song
歌剧	opera
芭蕾舞剧	ballet
节目单	program list
演员	actor

学习案例 8-4

1. 京剧是18世纪后期从安徽省和湖北省的地方戏剧发展而来的。它是一种把唱、念、做、打融为一体的表演艺术。

Beijing Opera was developed in the late 18 th century from local opera as in Anhui and Hubei Provinces. It is considered to be an integrated performing art with singing, dialogue, acting, and acrobatic combat.

2. 男主角的确很有才华,他很善于表现其角色的细腻感情。许多人都感动得流了泪。

The leading actor has talent indeed, he is expert at conveying his role's fine feeling. And many people have been moved to tears.

3. 非常感谢这么舒服的安排,我从头到尾都很享受。

I am deeply grateful for this nice arrangement, and I enjoyed every minute of it.

4. 川剧变脸很精彩,演员瞬间就能改变脸型。

The face-changing of Sichuan opera is very interesting, the actors can change the face at once.

5. 只要我去看戏剧,我总是坐前排的座位,并且尽量靠近舞台。

Whenever I go to the theater, I always like seats in the front rows, as near to the stage as possible.

6. Brown 先生,今晚的杂技空中飞人节目,你可以欣赏到演员在空中完成许多高难度动作。

Mr Brown, you can enjoy many high challenge actions in the sky shown by the actors in the acrobatics program tonight.

典型工作任务二 舞会参加

工作困惑

作为一名外销业务人员,如何做好舞会参加准备? 舞会参加注意事项有哪些?

工作认知

在各种各样的社交聚会当中,号召力最强、最受欢迎的要首推舞会。舞会,是西方一种正式的跳舞的集会,参加者要穿着晚礼服等正装,整场舞会中很大的一部分由交际舞构成。

一、舞会参加准备

参加舞会之前,必须进行必要的、合乎惯例的个人形象修饰。

1. 仪容

在仪容方面,舞会的参加者均应沐浴,并梳理适当的发型。男士务必要剃须,女士在穿短袖或无袖装时须剃去腋毛。特别需要强调的有两点:其一,务必注意个人口腔卫生,认真清除口臭,并禁食气味刺激的食物。其二,外伤患者、感冒患者,以及其他传染病患者,应自觉地避免参加舞会,否则不仅有可能传染给他人,而且会影响大家的情绪。

2. 化妆

参加舞会前,有条件的人都要根据个人的情况,进行适度的化妆。男士化妆的重点通常是美发、护肤和去味。女士化妆的重点主要是美容和美发。与家居妆、上班妆相比,因舞会大都在晚上举行,舞者肯定难脱灯光的照耀,故舞会妆允许相对画得浓烈一些,但仍须讲究美观、自然,切勿搞得怪诞神秘,令人咋舌。

3. 舞会着装

舞会着装,无论是男士还是女士,都必须整洁得体。服装的选择依据场地及舞蹈的形式而定,既不失礼节,又必须兼顾个人在跳舞时的舒适和安全。

女士宜穿裙摆较大、长及脚踝的裙子,使其舞姿更飘逸动人。职业套装一般不适宜于舞会。女士们不要忘记戴上华美的首饰,让它们在五彩斑斓的灯光下闪亮。舞会大都在晚上举办,所以要化晚妆,再抹上宜人的香水。正规的舞会上,头发最好盘起来,梳成发髻;参加一般的舞会,则发型随意,可以是"清汤挂面"式的直发,也可以将头发吹得蓬蓬松松。穿上高跟鞋,可以使女士的步态、舞姿更动人,还可以避免因穿长裙而显得拖沓。

男士要穿比较正规的西装,如符合西方传统的深蓝色、灰色西装。灯芯绒或格子呢、肘部打补丁的休闲西装不宜出现在十分正式的舞会上。即使是夏天,男士也得穿长裤参加舞会,穿西装短裤、沙滩裤是不礼貌的。男士还要把头发梳理整齐,胡子剃干净,皮鞋擦亮。

礼仪常识

不管舞会正式与否,请穿舞鞋,不要穿运动鞋或任何胶底鞋,因为它会粘在地板上,当做旋转动作时会导致膝盖受伤。避免穿无袖或吊带的衣服,尤其是在较活跃的舞中,因为触摸到舞伴湿漉漉的肌肤并不是件愉悦的事。女士的配件,如大耳环、手表、胸针、长项链、大皮带头,在舞池中都是危险物品。它们都可能勾到舞伴的衣服或导致刮伤、碰肿。

袖口低于腋窝的衣着不适宜作舞会着装,尤其是在拉丁舞中,男士常借助女士的背部,一不小心就会抓到宽松的衣袖。女士长发应往上扎好,或梳理服帖,否则在转圈时头发甩到男士的脸上会很不礼貌。

学习案例 8－5

深圳某出口企业外销女业务员小 B 参加公司为欢迎美国代表团访华举办的舞会,小 B 穿着牛仔裤、运动鞋。请问小 B 的行为是否恰当?为什么?

二、舞会参加注意事项

1. 舞伴选择

舞曲开始之后就可以邀请舞伴了。交际舞的特点是男女共舞,邀请舞伴通常是男士的任务,不过女士可以拒绝。此外,女士也可邀请男士,然而男士却不能拒绝。

在自行选择舞伴时,亦有规范可遵循。有可能的话,不要急于行事,最好先适应一下四周的气氛,进行细心的观察。

礼仪常识

一般来说,自选舞伴时最理智的选择有这样 8 类对象。第一类,年龄相仿之人。年龄相似的话,一般容易进行合作。第二类,身高相当之人。如果双方身高差距过大,未免会令人感到尴尬。第三类,气质相同之人。邀请气质、秉性相近的人共舞,往往容易互相产生好感,从而和睦相处。第四类,舞技相近之人。在舞会上,"舞艺"相近者"棋逢对手",相得益彰,有助于更好地发挥技艺。第五类,无人邀请之人。邀请较少有人邀请之人,既是对其表示的一种重视,也不易遭到回绝。第六类,未带舞伴之人。邀请未带舞伴的人共舞,成功的机会往往较高。第七类,希望结识之人。想结识某人的话,不妨找机会邀对方或是其同伴共舞一曲,以舞为"桥",接近对方。第八类,打算联络之人。在舞会上遇到久未谋面的旧交,最好邀请对方或其同伴跳一支曲子,以便以后有所联络。

2. 邀舞礼仪

邀请他人跳舞,应当力求文明、大方、自然,并且注意讲究礼貌。千万不要勉强对方,尤其是不要出言不逊,或是与其他人争抢舞伴。男士邀请舞伴时,应姿态端庄、彬彬有礼地走到女士面前,微笑点头,同时伸出右手,掌心向上,手指向舞池,并说:"我可以请您跳舞吗?"如果被邀女士的丈夫或父母在场,要先向他们致意问候,得到同意后方可邀请女士跳舞。舞曲结束后,要把女士送到座位旁或送回其家人身边并致谢。

3. 拒邀礼仪

拒绝邀请应该得体。在舞会上一般不宜对邀请表示拒绝。如果出于某种原因不想接受他人的邀请,只要做得得体,也不算失礼。最佳的拒绝方法是"我想暂时休息一下",或者"这首舞曲我不大会跳",以便给邀请者一个台阶下。一旦拒绝对方的邀请,这曲舞就不要再接受其他人的邀请,以免对前者造成自尊心的伤害。

学习案例 8－6

深圳某出口企业外销女业务员小 B 参加公司为欢迎美国代表团访华举办的舞会,小 B 拒绝访问团 Smith 先生的邀请,但是接受了 Jack 先生的跳舞邀请。请问小 B 的行为是否恰当?为什么?

4. 共舞礼仪

舞会又称"交谊舞""宫廷舞",英文为 Ballroom Dancing,最早起源于欧洲。基本形式有布鲁斯(又称慢四步)、慢华尔兹(又称慢三步)、快华尔兹(又称快三步)、狐步舞(福克斯,又称中四步)、快步舞、伦巴舞、探戈舞、吉特巴等。参加舞会时应注意自己的舞姿和舞技,但更重要的是自己跳舞时的举止风度,要符合礼仪的规范要求。

① 步入舞池时,要尊重女伴,女士在前,男士在后,由女士选择具体位置;跳舞时,一般男士领舞引导在先,女士配合在后。一曲终了,应立于原处,面向乐队或主持人鼓掌表示感谢,男士再将女伴送回原处。

② 跳舞时舞姿要端正大方,身体不要晃动。双方面带微笑,不可大声谈笑。

③ 跳舞时男士不要强拉硬拽,女士不可挂、扑、靠、扭。

④ 双方身体应保持一定的距离。

⑤ 跳舞时如果冲撞了别人,应礼貌地向对方道歉。

⑥ 不可目不转睛地凝视舞伴,即便是热恋中的情侣,在舞会上也不应过分亲昵。

⑦ 在双方共舞过程中,无论舞步有多么不配合,都应坚持到底,一般不应中途离去。但是如果双方都礼貌下场则是允许的。

⑧ 跳舞时要按照逆时针方向进行,不要旁若无人、横冲直撞。

5. 其他注意礼节

（1）同性不宜共舞

根据礼仪的国际惯例，两位男士共舞等于宣告他们不愿意邀请在场的任何一位女性，无形中表明他们是同性恋关系。两位女士也应尽量不共舞，尤其是在有客户的情况下。在国外的舞会上，更要注意这一点。

（2）女士主动邀舞

一般情况下，女士不用主动邀请男士，但在特殊情况下，需要邀请长者或贵宾时，则可以不失身份地表达："先生，请您赏光。"或："我能有幸请您吗?"

（3）两位男士同时发出邀请

从国际礼仪的角度考虑，当女士面对两位或两位以上的邀请者时，最能顾全他们面子的做法是全部委婉地谢绝。如果两位男士一前一后走过来邀请，则可以"先来后到"为顺序接受先到者的邀请，同时诚恳地对后面的人说："很抱歉，下一次吧。"并尽量兑现自己的承诺。

（4）避免总和一个舞伴跳舞

依照正规的礼仪，结伴而来的一对男女，只要一同跳第一支舞曲就可以了。从第二支曲子开始，大家应该有意识地交换舞伴，认识更多的朋友。

（5）不要轻易拒绝邀请

舞会是通过跳舞交友、会友的场合，所以在舞会上女士不能轻易地拒绝他人的邀请。女士可以拒绝个别"感觉不佳"的男士的邀请，但要注意分寸和礼貌用语，委婉地表达。

（6）男士的绅士风度

在舞会上最能体现男士的绅士风度。例如，跳舞中要保持一定的距离，右手轻扶舞伴的后腰（略高于腰部），左手轻托舞伴的右掌，尤其是在旋转时，男士一定要舞步稳健，动作协调，同舞伴一起享受舞曲的优美。万一发现女士眩晕，男士一定要做好"护花使者"，护送女士回原位。在一支曲子结束后，要礼貌地将女士送回原座位，道谢后，再去邀请另一位女士。

（7）离开舞会时间

无论是参加朋友的私人舞会，还是商务交际舞会，遵守时间是首要的礼仪，要准时到达。至于离开舞会的时间，商务交际舞会必须坚持到舞会结束后再离去，否则会冷落客人，影响双方的生意。

三、舞会参加常用英文

跳舞	dance
狐步	Foxtrot
华尔兹	Waltz
伦巴	Rumba
探戈	Tango
现代舞	modern dance
迪斯科	disco

舞伴	dancing partner
舞姿	dancing posture
舞会	dance party
舞厅	dance hall

学习案例 8-7

1. 怀特小姐,我听说你的舞跳得很好。今天晚上有一个舞会。你想去参加吗?

Miss White I was told that you are a good dancer.There is a dance party tonight.Would you like to come?

2. 流行音乐和古典音乐,你更喜欢哪一种? 我更喜欢流行音乐。

Which kind of music do you prefer,pop music or classic music? I prefer pop music.

3. 现在正好在放流行音乐,我们来跳迪斯科吧。

They happen to be playing pop music now.Let's do the disco.

4. 能赏光请你跳这个探戈吗? 很荣幸

May I have the honor of engaging you for this tango? With pleasure.

5. Brown 先生,我们公司为你专门准备了舞会,晚上7点钟在俱乐部举行。

Mr Brown,there is a dance party specially organized for you by our company. It starts at 7:00 pm at the club.

6. Brown 先生,你的舞姿很优雅,和你共舞很愉快。

Mr Brown,it is very elegant of your dancing posture. I am very happy to dance with you.

典型工作任务三　卡拉 OK 娱乐

工作困惑

作为一名外销业务人员,如何根据客户需求选择卡拉 OK 娱乐场所? 卡拉 OK 娱乐的注意事项有哪些?

工作认知

随着科学技术的发展,休闲娱乐方式不断创新,观众不仅仅满足于欣赏别人的表演,也非常乐于参与表演,与亲朋好友一起分享。卡拉 OK 娱乐是指在卡拉 OK 娱乐场所点歌唱歌、自娱自乐的一种休闲方式。观看演出和出席舞会都是国际交往中时尚而讲究礼仪的活动,而卡拉 OK 娱乐活动相对来说更为休闲随意,从某种程度上更能拉近和客户的距离,增进商务合作伙伴之间的友谊。

礼仪常识

卡拉 OK 是首先在日本出现的一种音响设备,"卡拉"是"空"(空无,日语为から)之意,"OK"的オーケ则是オーケストラ(orchestra)"管弦乐团"的简写开头两个字母,卡拉 OK 的意思是"不在场的乐队"。它将预先录制好的音响资料在卡拉 OK 设备、电视、电脑屏幕上放映,人们可以一边欣赏影像,一边跟着播放的音乐和字幕演唱。

相对于欧美的客户往往喜欢观看演出或参加舞会来说,来自亚洲尤其是韩国、日本的客人更喜欢去卡拉 OK 娱乐。

一、卡拉 OK 娱乐场所选择

目前,卡拉 OK 娱乐场所主要有以下几种。

1. 量贩式 KTV

量贩式 KTV 在装修、音效和歌曲上能达到一般的水准,尽量简化服务的环节,收费较为实惠,给顾客尽量大的自由度,旨在为顾客提供一个歌唱休闲的场所,营造健康、时尚、轻松的休闲氛围,比较适合年轻人消费。

2. 商务式 KTV

商务式 KTV 一般是集娱乐、休闲和洽谈商务于一体的场所,提供食品、饮品、中餐,同时也提供人员服务,在收取食物费用的同时收取包房费。通常商务式 KTV 配套设施先进、豪华,档次、装修环境风格等都要远远好于一般 KTV,费用也相对较高,是适合商务休闲、谈生意、应酬消遣的娱乐场所。商务 KTV 中也提供公关人员陪唱服务,环境与服务是商务式 KTV 的主要优势所在。

学习案例 8-8

广州某出口企业外销业务员小 A 安排韩国客户唱卡拉 OK。请问小 A 应该安排哪种类型的卡拉 OK 娱乐场所? 为什么?

二、卡拉 OK 娱乐注意事项

1. 点歌礼仪

与客户去 KTV 娱乐消遣,首先应该遵循从长至幼、从男到女、从上级到下属的基本原则;其次点歌时应顾及每一个人轮流上台一展歌喉,客户的歌曲应提前,自己则适当延后,同时尽可能帮客户点几首客户所在国家比较出名的歌曲。

礼仪常识

在选歌时尽量挑选不同的歌手和歌曲类型,避免听众审美疲劳,也能让参与者尝试更多元化的风格与曲风,发现演唱的潜能。

学习案例 8-9

广州某出口企业外销业务员小 A 安排韩国客户唱卡拉 OK,参加人员有韩国客户金先生、朴先生和公司张经理。请问小 A 应该先帮谁点歌? 为什么?

2. 唱歌礼仪

（1）注意音量

在封闭的 KTV 包厢内,首先应注意音量,话筒与嘴巴应保持 10～15 cm 的距离,掌握歌曲的律动与氛围的营造,切忌为了情感的抒发而过度提高演唱的分贝。

（2）避免抢歌

有的人只要一有自己会唱的歌曲立刻会抢过麦克风演唱,却不知这一行为剥夺了他人展示的机会。避免抢歌是一种彼此的尊重,也是自身素质的体现。既然别人点了歌,那就应该相信他有这个自信也有这个能力将这首歌完整地演绎,其他人也可以在无麦克风的情况下一同哼唱,交流情感。

（3）注意姿态

演唱时,应该落落大方地接过话筒,饱含深情地诠释对这首歌曲的理解。切勿即兴发挥,随意哼唱。

3. 其他礼仪

（1）切歌

在每次切歌前,必须先征得演唱者的同意,不管对方的演唱水平如何,也不管这首歌动听与否,切勿擅自主张,造成不必要的尴尬与误会。

（2）氛围与主题的把握

提前了解卡拉 OK 娱乐的主题,在把握现场氛围时,可以选择几首大家一同合唱的歌曲,在产生共鸣的同时也能活跃气氛,为彼此留下美好的回忆。

礼仪常识

唱前先"热身"。先选一些易唱的歌热身,切勿强唱假声和高声,更不要相互飙歌。

唱歌时应适当休息。避免长时间逗留在卡拉 OK 房间内,每次以 2 小时为佳,并要保持室内空气清新。而患有慢性喉炎、过敏性鼻炎、哮喘、慢性气管炎等呼吸道疾病的人,都不适宜去这些地方。

吃过饭后不宜马上唱歌;妇女在月经期间不宜卖力地歌唱;青少年在"变声期"发声的音域不宜过高,更不能大声喊叫。

注意适时润喉。在 KTV 的最佳饮品其实是温开水,尽量不喝冷饮,不要抽烟,也切忌酒后高歌,蜂蜜水会很快修复疲劳的嗓音。

三、卡拉 OK 娱乐常用英文

唱歌	sing
娱乐	entertainment
歌曲	song
点歌单	song list
中文歌	Chinese song
粤语歌	Cantonese song
英语歌	English song
意大利歌	Italian song
日语歌	Japanese song
饮料	drink
动听的	fair-sounding

学习案例 8—10

1. 你们有些什么样的歌?有中文歌、粤语歌、英语歌、意大利歌和日语歌。

What kind of songs do you have? We have Chinese and Cantonese songs, English songs, Italian songs and Japanese songs.

2. 他们有英文歌吗?有,很多。让我看看。《昨日重现》怎么样?

Do they have English songs? Yes, many. Let me see. How about *Yesterday Once More*?

3. 我没有办法唱得非常好,我想我是音盲,只是因为所有的高科技设备使我的声音听起来不错。

I can't sing too well. I think that I'm tone deaf. It's only all this high tech equipment that makes my voice sound alright.

4. 我不敢在大家面前唱歌。

I don't have the nerve to sing in front of people.

5. Brown 先生,一起去唱卡拉 OK 吧。

Mr Brown, Let's go to karaoke.

6. Brown 先生,当你在 KTV 包间唱歌时,就像歌星一样。

Mr Brown, You're like the singer when you sing in a KTV parlor.

综合实训

一、实训目的

1. 通过实训,理解并掌握文艺晚会的选择、欣赏及注意事项,舞会参加准备与注意事项,卡拉 OK 娱乐场所选择与注意事项。

2. 通过实训,正确地完成休闲娱乐礼仪操作,从容、得体应对客户。

二、实训内容

围绕休闲娱乐,通过实训,全面掌握文艺晚会欣赏、舞会参加和卡拉 OK 娱乐等相关知识,并具备扎实的理论基础与职业能力。根据认知规律,实训分为基础理论知识部分与实践技能操作部分。

基础理论知识

一、模块核心概念

1. 文艺晚会

2. 地方戏曲

3. 节目单

4. 舞会

5. 舞伴

6. 量贩式 KTV

7. 商务式 KTV

习题自测

二、单项选择题

1. (　　)属于地方性文艺晚会。

  A. 杂技

  B. 魔术

  C. 京剧

  D. 仿唐乐舞

2. 变脸是(　　)地方性戏剧的著名节目。

  A. 沪剧

  B. 越剧

  C. 京剧

  D. 川剧

3. 在陪同俄罗斯客户欣赏文艺晚会时,如果安排(　　)节目,会让客户有一种回到故乡的感觉。

  A.《桑塔·露琪亚》

  B.《伏尔加船夫曲》

  C.《梭罗河》

D.《啊！朋友》

4. 舞伴选择时,(　　)是不正确的。

    A. 身高相当之人

    B. 气质相同之人

    C. 舞技反差较大之人

    D. 年龄相仿之人

5. 在正规的剧场观看文艺演出时,最好的座位在(　　)之间,并以其中间的位置为佳。

    A. 第一排到第三排

    B. 第三排到第五排

    C. 第五排到第七排

    D. 第七排到第九排

6. 根据国际惯例,舞会通常在(　　)进行。

    A. 早上

    B. 中午

    C. 下午

    D. 晚上

7. 舞会中交谊舞的基本要求是(　　)。

    A. 女主男辅

    B. 不分主辅

    C. 男主女辅

    D. 男女平等

8. 在唱卡拉 OK 时,话筒与嘴巴应保持(　　)的距离。

    A. 5 ~ 10 cm

    B. 10 ~ 15 cm

    C. 15 ~ 20 cm

    D. 20 ~ 25 cm

9. 在唱卡拉 OK 时,《江南 Style》属于(　　)歌曲。

    A. 日本

    B. 美国

    C. 德国

    D. 韩国

10. 文艺晚会上,通过(　　)可以了解全部节目,方便观众欣赏节目。

    A. 节目单

    B. 门票

    C. 文艺晚会广告

    D. 演员介绍

三、多项选择题

1. 我方外销业务人员在陪同客户欣赏文艺晚会时,文艺晚会的选择原则有(　　　　)。

A. 适当安排客户所在国的知名节目或客户喜欢的节目

B. 考虑客户的理解能力

C. 尊重客户的风俗习惯

D. 弘扬我国传统优秀文化

E. 避免敏感性政治问题

2. 为了表示对男伴尊重,也为了自尊,女性参加舞会时,夏天不宜穿(　　　　　)。

A. 西服裙

B. 超短裙

C. 职业套装

D. 背心

3. (　　　　　)属于意大利民歌。

A.《老人河》

B.《我的太阳》

C.《深深的海洋》

D.《桑塔·露琪亚》

E.《啊!朋友》

F.《鸽子》

G.《重归苏莲托》

4. 商务式 KTV 的特点是(　　　　　)。

A. 相对费用较高

B. 提供食品、饮品、中餐

C. 自助服务

D. 提供公关人员陪唱服务

E. 配套设施先进、豪华

5. 有关舞会的参加注意事项的说法正确的是(　　　　　)。

A. 同性不宜共舞

B. 女士可邀请男士,男士不能拒绝

C. 在仪容方面,舞会的参加者均应沐浴,并梳理适当的发型

D. 男士可邀请女士,女士不能拒绝

E. 跳舞时舞姿要端正大方,身体不要晃动。双方面带微笑,不可大声谈笑

四、判断题

1. 文艺晚会的选择,要尊重来宾的风俗习惯,照顾来宾的特殊爱好,节目应尽量具有客户所在国家的特色,以宣传他国的传统文化。　(　　)

2. 由于客户政治倾向的原因,我方陪同人员在选择安排文艺晚会时,尽量避免选择具有政治背景的节目。　(　　)

3. 对于非常熟悉中华文化的客户,尽量安排一些杂技、武术等多动作的节目,否则,则多安排一些多语言的节目。　(　　)

4. 考虑到中西方文化的差异,最好由我方陪同人员准备好英文节目单,如果可能的话,

对每一个节目做简单的描述,让客户轻松地理解节目内容。　　　　　　　　　(　　)

　　5. 交际舞的特点是男女共舞,邀请舞伴通常是男士的任务,女士不可以拒绝。此外,女士也可邀请男士,同样男士也不能拒绝。　　　　　　　　　　　　　　　　　(　　)

　　6. 跳舞时要按顺时针方向进行,不要旁若无人、横冲直撞。　　　　　　　　　　(　　)

　　7. 量贩式 KTV 一般是集娱乐、休闲和洽谈商务于一体的场所,提供食品、饮品、中餐,同时也提供人员服务,在收取食物费用的同时收取包房费。　　　　　　　　　　　(　　)

　　8. 相对于韩国、日本的客户往往喜欢观看演出或参加舞会来说,来自欧美的客户更喜欢去卡拉 OK 娱乐。　　　　　　　　　　　　　　　　　　　　　　　　　(　　)

　　9. 与客户去 KTV 娱乐,首先应该遵循从长至幼、从女到男、从下属到上级的基本原则。
　　　　　　　　　　　　　　　　　　　　　　　　　　　　　　　　　　　(　　)

　　10. 在 KTV 包厢内,唱卡拉 OK 的音量一般越大越好,声音要饱满,且富有感染力。
　　　　　　　　　　　　　　　　　　　　　　　　　　　　　　　　　　　(　　)

　　五、案例分析

　　1. 深圳某出口企业外销女业务员小 B 接待来访英国贸易代表团一行,按照接待行程安排,公司安排了舞会,小 B 穿着运动裤、运动鞋参加舞会。

　　请问:小 B 的行为是否恰当? 为什么?

　　2. 广州某出口企业外销业务员小 C 接待来访韩国客人,按照接待行程安排,公司安排卡拉 OK 娱乐,小 C 预订了量贩式 KTV 房间。

　　请问:小 C 的安排是否恰当? 为什么?

实践技能操作

　　一、文艺晚会欣赏、舞会参加、卡拉 OK 娱乐中英文认知

　　1. 将英文单词、词组译成中文

　　(1) literature and art evening show

　　(2) program list

　　(3) Beijing Opera

　　(4) martial arts

　　(5) dance

　　(6) dancing partner

　　(7) sing

　　(8) fair-sounding

　　(9) song list

　　(10) entertainment

　　(11) Cantonese song

　　2. 将中文句子译成英文

　　(1) 我代表公司邀请你们欣赏文艺晚会。

　　(2) Brown 先生,你的舞姿很优雅,和你共舞很愉快。

　　(3) Brown 先生,当你在 KTV 包间唱歌时,就像歌星一样。

二、审核以下案例，指出其中的错误，并改正

1. 广州和鑫工贸有限公司（Guangzhou Hexin Industrial and Trade Co.,Ltd.）的王伟经理接待来访的巴基斯坦 CAENIAT AL SCEHRA TRADING CO. 的 Mohammad 先生。Mohammad 先生首次访问中国，对中华文化了解较少。王伟经理安排文艺晚会招待 Mohammad 先生，选择的节目有京剧《借东风》；预订了第一排座位；演员比较有名；时间匆忙，没有准备节目单；等节目开始 5 分钟后才带领客人入座。

请问：在接待工作中，王伟经理有哪些行为举止不符合文艺晚会的礼仪？为什么？如何改正？

2. 上海金雕贸易有限公司（Shanghai Golden Eagle Trading Co.,Ltd.）的李伟经理接待来访的韩国 FLYING PEGEON CO. 以朴先生为领队的贸易代表团 5 人。根据接待行程安排，李伟经理于 2014 年 10 月 9 日晚安排唱卡拉 OK，在量贩式 KTV 预订了一间大房；李伟经理先安排自己最拿手的歌曲《长江之歌》作为礼物献给来宾；在歌唱时激情澎湃，声音洪亮，超过 80 分贝；多次切掉韩国客人点的歌曲。

请问：在谈判接待工作中，李伟经理有哪些行为举止不符合卡拉 OK 娱乐礼仪？为什么？如何改正？

欢送礼仪操作

典型工作任务	1. 酒店退房 2. 机场送客
主要学习目标	1. 掌握酒店退房前的准备工作、酒店退房流程、酒店退房特殊情况的处理与常用英文 2. 掌握机场送客前的准备工作、机场送客流程、机场送客告别、机场送客特殊情况的处理与常用英文
基础理论知识	1. 白金法则 2. 黄金法则
工作操作技能	能够根据不同的情况,正确应对客户

典型工作任务一　酒店退房

工作困惑

作为一名外销业务人员,要经常陪同、协助客户办理退房手续,酒店退房前的准备工作有哪些? 酒店退房的流程有哪些? 酒店退房过程中有哪些特殊情况需要处理?

工作认知

酒店退房是酒店客人向酒店前台申请提出结束使用酒店客房,结算客房租金和享用酒店服务或商品的费用。外销业务人员需要经常陪同、协助来访的客户顺利办理酒店退房手续。

礼仪常识

酒店退房流程一般是酒店客人到大堂前台申请退房,并提交押金单及房卡,酒店前台通知酒店相关工作人员查房,并整理所退房间单据及检查酒店客人账目、借出物品等事项。查房结束后,如有其他消费或赔偿时通知酒店客人后入账。待检查账目无误后给酒店客人办理退房结账手续。

一、酒店退房前的准备工作

关于客户酒店退房前的准备工作,外销业务人员必须做好"两个掌握",才能不耽搁客户行程,确保客户访问成功。

1. 掌握客户确切的离店时间

外销业务人员陪同客户访问期间,要及时了解客户的住宿天数、何时结束访问回国或前往其他访问目的地。

2. 掌握客户入住酒店的最后退房时间

酒店行业规定了酒店的最后退房时间,如果酒店客人没有在最后退房时间内办理退房手续,酒店将按规定收取住宿费用。

礼仪常识

关于退房时间,酒店行业没有硬性规定,由每个酒店自行规定,一般在酒店客人开房入住时会明确告知,国际惯例为中午 12 点,我国酒店普遍规定在中午 12 点至 14 点之间。

学习案例 9 - 1

广州某出口企业外销业务员小 A 的阿联酋客户 Mohammad 先生结束来华访问,按计划将乘坐 2014 年 7 月 13 日晚上 20 点的航班返国,Mohammad 先生入住酒店的每天最晚退房时间为下午 14 点。请问根据上述情况,小 A 最晚应该几点协助 Mohammad 先生退房?为什么?

二、酒店退房的流程

1. 与客人确定退房的具体时间

外销业务人员应该与客户确认退房的准确时间,一方面为自己前往酒店送行做好准备,另一方面也可以帮客户把握好行程的时间,避免因乘坐汽车、飞机、火车等交通工具造成迟到,影响行程。

2. 酒店大堂提出退房申请

外销业务人员到达酒店大堂时,可以使用酒店大堂电话或本人手机通知客户来到大堂。见到客户后,在问候客户的同时,要提醒客户是否有行李或贵重物品遗留酒店客房。得到客户否定答案后,可以陪同客户前往前台收银处,申请办理退房,同时提醒客户出示房卡与押金单。

3. 等待酒店工作人员检查客房

酒店工作人员会查看客房,查看酒店客人是否使用客房付费项目或商品,查看客房设施是否被损坏。在酒店工作人员查看房间的时候,可以安排客户在大堂沙发处稍坐片刻。

4. 办理退房结账手续

在酒店工作人员查核无误后,可以用现金或信用卡付清客房住宿费用。

礼仪常识

酒店结账流程:核对账目后迅速打印账单;抽取房间分户账单,将登记单留存、押金方式取出结账;将账单递交给客人,简单解释账单内容,并请客人签字确认账单;询问客人结账方式,并根据客人提供的结账方式结账;请客人出示押金收据或信用卡进行核对;询问客人是否需要账单或发票,根据客人要求提供,发票总额不能超过客人在店消费的总额。

5. 结账后客人评价

在客户结账后,外销业务人员可以就客户入住酒店的舒适程度、服务水平、服务态度、卫生状况、配套设施等进行简单交流,听取客户的反馈意见,为客户的下次来访做好调研工作。

6. 送客车辆、行李安排

提前与客户沟通是否需要我方安排送行车辆。如果需要,一定要根据客户的人数和行李实际数量安排适合的送行车辆。在客户完成酒店退房手续离开酒店大堂时,应该最后一次与客户确认行李是否全部到齐,同时通知我方送行司机将车辆开至酒店大堂门口,主动帮客户将行李放上车并与客户核实行李件数,再主动打开车门,请客户上车,为客户关上车门,但不可用力过猛,注意不可夹住客户手脚。

学习案例 9-2

广东佛山某家具出口企业外销经理 B 的沙特客户 M 先生结束来华访问,按计划将乘坐 2014 年 8 月 2 日晚上 21 点航班返国,外销经理 B 在 8 月 1 日的晚宴上提出送行安排。请问 8 月 2 日客人退房有哪些环节?

三、酒店退房过程中的特殊情况处理

1. 无法出示押金条

① 询问客户是押金条遗失,还是押金条在别的客户手中。
② 如果押金条遗失,请客户出示相关证件,在账单上通过文字说明押金条遗失,并签字

确认,酒店根据留存押金单核对签字无误后方可结账。

③ 如果押金条在别处,要委婉建议客户联系持押金条的相关人员前来结账。

2. 客人投诉

① 客房电话无法拨出。根据房号查看客人的电脑信息,向客人解释原因,告知需要在号码前加 9 或者开外线,请客人谅解。

② 周围环境有噪声。查找原因,如果确实存在,找到解决办法,并向客人表示抱歉。

③ 电视等设备无法使用。查找原因,如果是设备故障,向客人表示歉意;如果是客人不熟悉使用,则向客人解释使用程序。

④ 枕巾、被套等不干净。要求前台与客房部负责人联系,查找原因,如果情况属实,则应该向客人正式表示道歉。

3. 离店时客户要求转交物品

① 向客户了解是什么物品。

② 在物品外包装上写明客户与被转交人的名字。

③ 向客户说明易燃、易爆、易碎、食品等不予转交,希望客户谅解。

四、酒店退房常用英文

退房	check-out
退房时间	check-out time
价目表	price list
账单	bill
收费	charge
现金	cash
信用卡	credit card
填表	fill in the form
手续费	procedure fee
小费	tip

学习案例 9-3

1. 您需要退房吗?

Would you need check-out?

2. 您的房间号是 XXX?

Is your room number XXX?

3. 请问您是用现金付款还是用信用卡付款?

How would you like to pay, in cash or by credit card?

4．请问您在房间里迷你吧有什么消费吗？

Do you have something drink or eat in mini-bar?

5．请您确认一下账单，在这里签字。

Please check it and sign here.

6．您房间里还遗留有其他贵重物品吗？如护照、机票、钱夹等。

Do you have some important things left in your room,such as passport\
airline ticket\wallet and so on?

7．这是您的账单、刷卡凭条与发票，我帮您放在信封里。

This is your bills. I will put it into the envelop for you.

8．您觉得您在店期间对酒店还满意吗？有什么需要我们改进的吗？

How was your feelings about staying our hotel? Could you give us
some advices?

典型工作任务二　机场送客

工作困惑

作为一名外销业务人员，要经常前往机场欢送客户，机场送客要做哪些准备工作？机场送客的流程有哪些？机场送客的告别词如何表达？机场送客有哪些特殊情况需要处理？

工作认知

一、机场送客前的准备工作

机场送客是指我方外销业务人员根据客户的行程，将客户与行李送往机场。机场送客是客户接待的最后一个环节，外销业务人员必须做好"两个了解"，才能确保客户准时坐上飞机，保证客户访问圆满成功。

1. 客户航班的准确起飞时间

外销业务人员应该主动询问客户回程或下一程的准确起飞时间，以便为机场送客做好充分准备。

2. 酒店与机场之间的行车时间

在机场送客前，应该与司机沟通商量，了解酒店与机场之间的距离及正常行车时间。同时应该充分考虑到交通高峰期、所在城市举办重大活动，以及突发事件等因素，将行车时间留有余地。

礼仪常识

按照国际惯例,国际航班应该提前 3 小时到达机场办理登机手续,国内航班一般要提前 2 小时到达机场。如果是长航线飞行(如美洲线、欧洲线、中东线、南美线、非洲线),一般提前 1 个小时停止办理登机手续;短航线(东南亚、日韩、港澳台等),一般起飞前 45 分钟停止办理登机手续。肯尼亚航空(KQ)起飞前 80 分钟停止办理登机手续。

- -

2017 年 6 月,南航在"一带一路"沿线 38 个国家和地区的 68 个城市开通了 172 条航线,每周投入 2 200 多个航班,承运旅客 1 500 多万人次。与 2014 年底相比,南航增加了 9 个通航城市、11 条航线、每周 432 个航班、承运旅客 420 多万人次。南航广州—加德满都航线是每周三班。随着"一带一路"战略的实施,广州——尼泊尔的航班已经增加到每天两班。南航已成为中国与"一带一路"沿线国家和地区航空互联互通的主力军。

学习案例 9 - 4

广州某出口企业外销业务员小 A 的阿联酋客户 Mohammad 先生结束来华访问,按计划将乘坐 2014 年 7 月 13 日晚上 20 点的航班返国,酒店与机场的正常行驶时间为 1 小时。请问根据上述情况,小 A 最晚应该几点将 Mohammad 先生送到机场? 为什么?

二、机场送客的流程

我方外销业务人员机场送客的流程有以下环节。

礼仪常识

我外销业务人员陪同客人到达机场时,首先要查看航班信息显示牌。显示牌动态地显示出港航班与到达航班的具体信息。出港航班信息包括航班是否正常和办理换登机牌的具体柜台、时间等信息。

学习案例 9-5

广东佛山某家具出口企业外销经理 B 的沙特客户 M 先生结束在华访问,按计划乘坐 2014 年 8 月 2 日晚上 21 点 SQ981 航班返国,外销经理 B 驱车欢送 M 先生。请问到达机场后外销经理 B 首先要做哪件事情? 为什么?

1. 换登机牌

带领客户携机票及本人有效护照、签证到相应值机柜台办理乘机手续,领取登机牌。根据客户的需要向机场工作人员要求靠窗或走道、飞机前面或飞机后面的相应座位。

2. 托运行李

凭登机牌向值班柜台工作人员办理行李托运手续,提醒客户行李是否要打包、加固,以防运输过程中遭到损坏。

3. 海关检查

提醒客户是否携带须向中华人民共和国海关申报的物品,办理相关海关手续。

4. 检验检疫、边防检查

在机场入关处办理有关的健康证明,交验有效的护照证件、签证、出境登记卡,以及有关部门签发的出国证明。

5. 安全检查

提醒客户提前准备好登机牌、飞机票、有效护照证件和机场建设费凭证,并交给安全检查员查验。为了飞行安全,旅客须从探测门通过,随身行李物品须经 X 光机检查。安检过后,填写出关卡、医疗卡,排队出海关。

礼仪常识

我外销业务人员要提醒客户是否携带须向中华人民共和国海关申报的物品。海关设置双通道,如果客户没有携带须向海关申报物品,可以选择绿色通道;否则,应该选择红色通道,并填写中华人民共和国海关进出镜旅客行李物品申报单。

6. 候机与登机

提醒客户根据登机牌显示的登机口号到相应候机区休息候机。通常情况下,将在航班起飞前约 30 分钟开始登机,请留意广播提示。提醒客户登机时需要出示登机牌,请提前准备好。

三、机场送客告别

为外宾送行之际,对于送行人员在礼节上有着一系列的具体要求。

1. 告别地点

要根据客户的意愿,视具体情况而定。

（1）出发大厅

有一些客户已经对机场情况非常熟悉,同时对我方外销业务人员的陪同工作表示满意和感谢,会在出发大厅主动提出告别。

（2）换登机牌柜台

有一些客户对机场情况不是很熟悉,同时携带行李较多,我外销业务人员应该尽量协助客人办理登记牌,同时完成行李托运。

（3）海关检查入口

对于一些重要客户,我外销业务人员必须坚持送机到海关检查入口,以体现我方的诚意与重视。

学习案例 9-6

广东佛山某家具出口企业外销经理 B 的沙特客户 M 先生结束来华访问,按计划乘坐2014 年 8 月 2 日晚上 21 点 SQ981 航班返国。M 先生是该企业的大客户,每年双方成交100 万美元的生意。请问外销经理 B 应该选择哪个地点与客户告别? 为什么?

2. 告别词

一般由我送行人员中职务最高者致送机告别词。一般包括以下内容:感谢客户的来访;双方就业务达成许多共识(或者成功签订合同);如果我方的招待有令客人感到不方便的地方,请客人多多包涵;最后预祝客人旅途愉快,阖家幸福,双方合作愉快等。

3. 告别握手

在最后告别客户时,我送行人员应按一定顺序与外宾一一握手话别。
我送行人员要挥手致意,在目视客户走远后才可离开。

四、机场送客过程中的特殊情况处理

1. 客人行李

（1）超重

客户行李超重要额外支付运费,可以和客户商量,由我方采用快递方式送到客户公司或家里,需要客人留下寄送地址、联系电话等资料。

礼仪常识

受石油价格高涨的影响,为了减轻飞机装载重量,减少运行费用,同时保障旅客安全,世界各航空公司对旅客携带的行李有不同的规定。美国联合航空公司规定,每位乘客只能免费托运行李一件,限重23千克,第二件行李要付75美元;德航汉莎航空公司规定,一般乘客的行李不超过30千克,学生的行李不超过40千克;我国东方航空公司规定全价舱位乘客的行李不超过20千克,商务舱乘客行李不超过30千克,一等舱乘客行李不超过40千克,并且行李的体积不超过20 cm ×40 cm ×55 cm,行李三边长度和不超过158 cm。

（2）禁止旅客随身携带或托运的物品

对违反《中华人民共和国民用航空安全保卫条例》的规定,携带了"禁止旅客随身携带或托运的物品"的乘客,根据我国相关部门规定交由民航公安机关处理。

（3）含有易燃物质的生活用品

对含有易燃物质的生活用品实行限量携带,将超量部分退给旅客自行处理。

2. 护照遗失

发现护照遗失,必须马上报警备案,到机场派出所或公安局出具相关证明;联系客户国家驻中国的大使馆,要求出具临时居留证明;机票的路线必须跟大使馆开出的临时居留证明上面的内容一致;到当时的公安局出入境管理处补办签证。

3. 误机

如果发生误机情况,应该马上协助客户与机场值班人员联系,寻找对策。客户可以选择搭乘下一个航班,有可能要支付额外手续费;也可以选择退票,重新购买回程机票。

4. 航班延期

航班延期是指航班不能按照原定时间起飞。一旦发生由于航空公司或机场原因造成的航班延期,应该马上协助客户与机场值班人员或航空公司联系,了解延期原因与时间,同时要询问航空公司或机场如何做出安排。

学习案例 9－7

广东佛山某家具出口企业外销经理 B 的沙特客户 M 先生结束在华访问,按计划乘坐 2014 年 8 月 2 日晚上 21 点 SQ981 航班返国。但是 SQ981 推迟到晚上 23 点 50 分起飞。请问外销经理 B 应该如何应对?

五、机场送客常用英文

出站(出港、离开)	departures
登机手续办理	check-in
登机	boarding
登机牌	boarding pass（card）
报关物品	goods to declare
登机口	gate/departure gate
起飞时间	departure time
航班号	FLT No.（flight Number）
延误	delayed
行李牌	luggage tag
问讯处	information center
国际候机楼	international terminal
国际航班出港	international departure
预计时间	scheduled time（SCHED）
海关	Customs
海关申报表	customs declaration
免税店	duty-free shop

学习案例 9－8

1. 如果不塞车的话,从酒店到机场开车只需要 40 分钟。

If there is no traffic jam, it will take us forty minutes from hotel to airport.

2. 国际候机楼就在我们左手边。

The international terminal is just at our left hand side.

3. 让我们从航班信息显示牌中找到起飞时间、换领登机牌柜台等相关信息。

Let us find the informations such departure time, getting boarding card counter from flight information display board.

4. 麦克先生,你的航班延误了,晚上 20 点起飞。

Mr. Mike, it is very sorry that your flight has been delayed, the flight will take off at 8 in the evening.

5. 大件行李可以托运,保管好行李牌。
The big luggage can be transported by airliner,keep the luggage tag.
6. 我不得不向你告别,旅途愉快!
I have to say goodbye to you,have a nice trip!

综合实训

一、实训目的

1. 通过实训,理解并掌握酒店退房前和机场送客前的准备工作、流程、特殊情况的处理与常用英文。
2. 通过实训,正确地完成欢送礼仪操作,从容、得体应对客户。

二、实训内容

围绕欢送礼仪,通过实训,全面掌握有关酒店退房、机场送客等相关知识,并具备扎实的理论基础与职业能力。根据认知规律,实训分为基础理论知识部分与实践技能操作部分。

基础理论知识

一、模块核心概念

1. 酒店退房

2. 机场送客

3. 换登机牌

4. 海关检查

5. 安全检查

6. 告别词

7. 航班延期

习题自测

二、单项选择题

1. 住店客人在离店前要到前台(　　　)办理结账离店手续。

　　A. 接待处

　　B. 预订处

　　C. 收银处

　　D. 问讯处

2. "总统套间"的英文表达是(　　　)。

　　A. deluxe room

　　B. presidential/suite

　　C. suite

　　D. double room

3. 酒店客人在酒店大堂提出退房时,要出示房卡和(　　　)。

A. 护照

B. 签证

C. 押金单

D. 身份证

4. ( )属于结账后客人对于酒店的硬件评价内容。

A. 酒店服务人员服务态度

B. 酒店服务人员英文沟通能力

C. 酒店客房舒适程度

D. 酒店配套设施设备

5. 美国联合航空公司规定,每位乘客只能免费托运行李一件,限重( )千克。

A. 20

B. 23

C. 30

D. 40

6. 我外销业务人员在机场送客过程中可从( )得到客户航班的具体信息。

A. 海关

B. 安检

C. 边防

D. 航班信息牌

7. 帮助客户办理登机手续换登机牌时不需要( )证件。

A. 护照

B. 签证

C. 身份证

D. 出境卡

8. 在机场送客环节中,( )可以不必送到海关检查入口。

A. 公司的大订单客户

B. 公司的老客户

C. 首次来华访问的客户

D. 非常熟悉机场出境流程,又主动谢绝我方送客人员的客户

9. 通常情况下,在航班起飞前约( )分钟开始登机。

A. 30

B. 45

C. 60

D. 90

10. 根据国际惯例,一般情况下,酒店的退房时间为( )。

A. 中午11点

B. 中午12点

C. 下午1点

D. 下午 2 点

三、多项选择题

1. 我方外销业务人员陪同客户酒店退房的流程有（　　　　　）。

    A. 在酒店大堂提出退房申请

    B. 办理退房结账手续

    C. 送客车辆、行李安排

    D. 办理退房结账手续

    E. 与客户确定退房的具体时间

    F. 等待酒店工作人员检查客房

2. 当在机场办理安检时,需要的证件有（　　　　　）。

    A. 签证

    B. 护照

    C. 身份证

    D. 出境卡

3. 酒店客人退房时可以使用（　　　　）进行结账。

    A. 现金

    B. 旅行支票

    C. 信用卡

    D. 汇票

4. 最后跟客户告别时,告别词一般包括（　　　　　）内容。

    A. 感谢客户的来访

    B. 双方就业务达成许多共识（或者成功签订合同）

    C. 预祝客户旅途愉快

    D. 如果我方的招待有令客户感到不方便的地方,请客户多多包涵

    E. 预祝客户阖家幸福

    F. 预祝双方合作愉快

5. 机场送客告别的地点有（　　　　　）。

    A. 出发大厅

    B. 换登机牌柜台

    C. 候机室

    D. 海关检查入口

四、判断题

1. 在客户酒店结账后,外销业务人员可以就客户入住酒店的舒适程度、服务水平、服务态度、卫生状况、配套设施等进行简单交流,听取客户的反馈意见,为客户的下次来访做好调研工作。　　　　　　　　　　　　　　　　　　　　　　　　　　　　　（　　）

2. 德航汉莎航空公司规定一般乘客的行李不超过 25 千克,学生的行李不超过 30 千克。　　　　　　　　　　　　　　　　　　　　　　　　　　　　　　　　　　（　　）

3. 我方送客人员陪同客户到达机场的第一事情是做海关检查。　　　　（　　）

4. 对于一些重要客户,我外销业务人员必须坚持送机到海关检查入口,以体现我方的诚意与重视。（ ）

5. 如果酒店规定客房退房时间为中午12：00,客人可延长到14：00,酒店方面不会加收房费。

（ ）

6. 当我们陪同客户到达机场办理登机手续时,任何时候客户都不须出示健康证。（ ）

7. 在最后告别客户时,我送行人员按一定顺序同外宾一一握手话别后,马上可以离开。

（ ）

8. 客户乘坐国际航班回国,只要提前一个小时到达机场就足够了。（ ）

9. 当客户要退房时,我方接待人员只负责陪同,行李由客户自行处理。（ ）

10. 如果发生误机情况,应该马上协助客户与机场值班人员联系,寻找对策。客户可以选择搭乘下一个航班,有可能须支付额外手续费;也可以选择退票,重新购买回程机票。

（ ）

五、案例分析

1. 深圳某出口企业外销女业务员小B接待来访的沙特客户W先生,根据W先生行程安排计划于2014年6月12日下午6点回国。小B在协助客人退房时,W先生遗失了押金单。

请问:小B该如何应对?

2. 广州某出口企业外销经理G先生接待来访的美国贸易代表团,根据行程安排,美国贸易代表团计划于2014年7月3日返回美国,双方签订40万美元的合同,取得了丰硕成果。作为这次访问的主要参加者和陪同者,在机场送客环节中,G先生在海关检查入口致告别词。请帮助G先生起草告别词。

实践技能操作

一、酒店退房、机场送客中英文认知

1. 将英文单词、词组译成中文

（1）check-out

（2）tip

（3）cash

（4）credit card

（5）boarding

（6）FLT No.（flight number）

（7）delayed

（8）customs

（9）information center

（10）international terminal

（11）bill

（12）scheduled time

2. 将中文句子译成英文

（1）请问您是用现金付款还是用信用卡付款？

（2）您房间里还遗留有其他贵重物品吗？如护照、机票、钱夹等。

（3）史密斯先生，您的航班正常，晚上 22 点起飞。

二、审核以下案例，指出其中的错误，并改正

1. 广州和鑫工贸有限公司（Guangzhou Hexin Industrial and Trade Co.,Ltd.）的王伟经理接待来访的巴基斯坦 CAENIAT AL SCEHRA TRADING CO. 的 Mohammad 先生。Mohammad 先生计划 2014 年 7 月 10 日中午 12 点退房回国。王伟经理中午 12 点才到达 Mohammad 先生下塌的酒店，直接到客户房间敲门寻找 Mohammad 先生；在结账后也没有询问 Mohammad 先生对酒店的评价；把客户行李放入送行车辆时，没有点数；等开车 5 分钟后，才发现遗漏小件行李一件，又返回酒店在大堂里找到。

请问：在酒店退房环节中，王伟经理有哪些行为不当？为什么？如何改正？

2. 上海金雕贸易有限公司（Shanghai Golden Eagle Trading Co.,Ltd.）的李伟经理接待美国 UANREST REFT CO. 以 Tony 先生为领队的贸易代表团。该代表团计划于 2014 年 8 月 3 日从上海浦东国际机场回国，航班起飞时间为晚上 9 点，酒店到机场正常行驶时间为 30 分钟。5 点 30 分李伟经理从酒店开车出发，由于正值晚上下班高峰，送行车辆塞车 50 分钟，最后司机加速行车，于 6 点 40 分到达机场。到达国际出发大厅后，李伟经理就匆忙与客人告别，没有发表告别词。

请问：机场送客环节中，李伟经理有哪些行为不当？为什么？如何改正？

参 考 文 献

［1］［美］多丽丝·普瑟,张玲．商务礼仪:聆听国际大师最权威的礼仪课［M］．北京:科学出版社,2014.

［2］李嘉珊．国际商务礼仪大讲堂［M］．北京:中国海关出版社,2009.

［3］李菁．国际商务文化与礼仪实践教程［M］．北京:水利水电出版社,2013.

［4］张宇,艾天姿．国际商务礼仪英文教程［M］．北京:北京大学出版社,2010.

［5］杨丽．商务礼仪与职业形象［M］．大连:大连理工大学出版社,2011.

［6］杨玉荣．国际商务礼仪［M］．北京:北京交通大学出版社,2012.

［7］［美］格罗斯,［美］斯通,著.男士商务礼仪着装:从初入职场到 CEO［M］．洛日,张潇予,译．北京:中国纺织出版社,2009.

［8］金正昆．商务礼仪教程［M］.4 版．北京:中国人民大学出版社,2013.

［9］金正昆．商务礼仪［M］．西安:陕西师范大学出版社,2012.

［10］倪军．国际贸易实务［M］．南京:南京大学出版社,2012.

［11］倪军．新编国际贸易实务［M］.3 版．北京:电子工业出版社,2016.

［12］金正昆．礼仪金说:商务礼仪［M］．北京:北京联合出版公司,2013.

［13］佟洵,等．超越禁城的神圣——原始宗教道教、佛教、基督教、伊斯兰教［M］．北京:光明日报出版社,2006.

［14］［美］休斯顿·史密斯,著.人的宗教［M］．刘安云,译．海口:海南出版社,2013.

［15］廖建华,贺湘辉．广东省全国导游人员资格考试应试指南［M］．广州:广东旅游出版社,2007.

［16］梁华．走遍中国旅游手册［M］．北京:中国地图出版社,2014.

［17］田可．中国八大菜系菜谱选［M］．天津:天津科学出版社,2005.

［18］赵庆梅．餐饮服务与管理［M］．上海:复旦大学出版社,2011.

［19］刘勇,马磊．餐饮服务与管理［M］.2 版．北京:化学工业出版社,2013.

［20］韩瑛．民航客舱服务与管理［M］．北京:化学工业出版社,2012.

［21］王冬琨．酒店服务礼仪［M］．北京:清华大学出版社,2012.

［22］中国城市规划学会．商业区与步行街［M］．北京:中国建筑工业出版社,2000.

［23］王耀武,夏南凯,郭雁．理想空间(28)人性化的商业步行街区［M］．上海:同济大学出版社,2008.

［24］翟崑,王继民．"一带一路"沿线国家五通指数报告(2017)［M］．北京:商务印书馆,2018.